나는 죽음을 돌보는
사람입니다。

나는 죽음을 돌보는 사람입니다。

어느
장례지도사가
말해주는
죽음과 삶에 관한
모든 것

강봉희 지음

SIDEWAYS

서문

이 책에는 내가 그동안 죽은 분들을 위해 일하며 느끼고 생각했던 모든 것들이 담겨 있다. 이 땅 위에 슬프지 않은 죽음이 어디 있겠느냐만, 내가 마지막을 지켜드린 분들은 대개 남들보다 더 외롭고 힘들게 살았던 분들이었다. 나는 그분들을 모셔드리면서 이젠 이곳보다 훨씬 더 편안한 곳으로 가는 거니, 거기선 아무 걱정도 하지 말고 누구도 미워하지 말라 기원했다.

그렇지만 나는 훌륭한 사람도 아니고, 뛰어난 사람도 아니다. 나는 그리 좋은 사람도 아니고 믿을 만한 사람도 아니다. 나는 부끄러운 게 많은 사람이고, 남들보다 한참은 뒤떨어지는 사람이며, 흠도 많고 흉도 많은 사람이다. 내가 이런 기록을 남기기로 한 결심이 옳은 일인지는 아직도 잘 모르겠다.

책의 저자인 내가 주목을 받거나 유명해지기를 바라는 마음은 전혀 없다. 그런 걸 욕심낼 나이는 예전에 지났다. 나는 단지 내가 경험했던 죽음과 장례의 의미를 뒤따라올 사람들과 나누고, 이웃과 사회로부터 외면받고 방치되는 죽음을 줄이는 데 도움이 되길 바라면서 출판사의 제안에 응했다. 내가 여기 남긴 기록이 과연 조금이나마 보탬이 될 수 있을까. 그럴 수 있기를 바랄 뿐이다.

어쩌다 보니 아무도 돌보지 않는 죽음을 돌보게 되었지만, 내가 깊은 뜻이나 거창한 목표가 있어서 이 일을 시작한 것은 아니었다. 이렇게 오래 하게 될 줄도 몰랐다. 무턱대고 시작했고, 무턱대고 걸어왔다. 많은 분이 어떻게 그 힘든 일을 이처럼 오래 할 수 있었는지 묻지만, 다른 이유는 아무것도 없다. 내 또래의 다른 분들이 이웃들과 맛있는 것을 먹거나 여행을 다니면서 행복을 느끼듯, 나도 누군가의 죽음 곁을 지키는 일에서 행복을 느끼기 때문에 이 일을 계속하고 있다.

나처럼 대구가톨릭대학교의 평생교육원에서 장례지도학과를 수료한 뒤 지금껏 장례지도사협의회봉사단을 함께 하고 있는 후배들이 누구보다도 고맙다. 그들이 아니었으면 나는 지금처럼 일을 시작할 수도 없었고, 계속할 수도 없었을 것이다. 선배는 그렇게나 오지랖이 넓다며 구박하면서도, 언제나 봉사단의 일을 힘껏 도와주는 일곱 명의 후배들에게 깊은 감사의 마음을 전한다.

그리고 나와 평생을 함께하는 아내에게 무한한 사랑과 감사를 전하고 싶다. 지금과 같은 삶의 계기가 된 나의 암 투병 기간에 아내는 몸고생과 마음고생을 얼마나 많이 했을까. 요즘 들어 특히 그때의 아내에게 고맙다는 생각이 자주 든다. 젊었을 때는 무심히 놓쳐버렸던 아내에 대한 존경과 애정의 마음이 점점 더 커나가는 걸 느끼고 있다. 나를 묵묵히 바라보고 격려하면서 38년간 내 곁을 지켜준 아내에게 이 책을 바친다.

2021. 9. 12.

대구시 중구에서, 강봉희

차례

2부 죽음의 곁에서 생각했던 것들

1부

당신의 죽음은
안녕하십니까

1장

나는 산 자가 아닌
죽은 자를 위해서
일한다

나는 죽은 사람을 위해 일한다.

내가 이 일을 한 지 어느덧 20년에 가까운 시간이 흘렀다. 그동안 나는 700여 명의 시신을 수습하고 장례를 치러드렸다. 그저 죽음을 돌보는 일에 끌려서, 누구에게 무엇도 받지 않고서 말이다. 그중 대부분은 무연고로 돌아가신 고독사 시신들, 돈이 없어 유족들도 장례를 꺼리는 기초수급자와 생활보호대상자의 시신들이었다.

이 일을 처음 시작한 건 2004년도였던 것으로 기억한다. 대구 중앙파출소 앞에 떡볶이와 어묵을 파는 노점이 있었는데 나는 그곳을 자주 들렀다. 어느 날, 그 노점 주인의 남편분이 갑자기 돌아가셨다는 소식을 들었다. 노점상 주인분은 삶도 녹록지 않으시고 하루하루 먹고살아야 하는 형편에 워낙 경황이 없으신 것 같았다. 일에 손을 보태줄 친척도 없어 어쩔 줄을 몰라 하셨다.

그래서 내가 도맡아 시신의 염(殮)을 하고 장례 절차를 도와드렸다. 대단한 것을 도와드린 건 아니었다. 나는 2003년에 대구가톨릭대학교 평생교육원의 장례지도학과를 수료했고, 전년도에 배운 내용을 그대로 되새겼을 뿐이었다. 그것이 죽을병으로 몇 년간 죽네 사네 하다가 간신히 살아 돌아온 내가 남에게 베풀 수 있는 유일한 일인 듯싶었다. 나라는 존재가 아직 누군가에게 힘이 될 수 있다는 데 작은 보람을 느꼈다.

이런 경험이 조금씩 쌓여서 나를 '장례 봉사'의 세계로 이끌었다. 2004년 11월에 장례봉사단을 꾸리고, 죽은 자들을 보내드리는 일을 본격적으로 시작했다. 물론 처음부터 우리를 믿고 장례를 맡기는 사람은 그리 많지 않았다. 아무런 금전적 보상 없이 장례를 대신 맡아준다는 게 이해가 되지 않는다는 분들이 많았다.

그즈음에는 1년에 평균 열 건, 스무 건 남짓의 장례를 맡았다. 그 수효는 매년 점점 늘어나서 몇 년간은 한 해 보통 70~80건 정도가 되었고, 작년에는 코로나 사망자를 제외하고서도 100건이 넘는 장례를 치러드렸다.

이처럼 내가 맡게 되는 죽음이 늘어나고 있다는 건, 우리 사회의 고독사 문제가 점점 더 심각해지는 것을 뜻하는 것이기도 할 것이다. 죽음의 현장은 천태만상이다. 그렇지만 유족들의 슬픔에 둘러싸인 채 편안히 눈을 감았던 죽음은 내 경우엔 거의 없다.

누군가를 보내드리는 일에 큰 문제가 없다면, 내가 하는 이 일과 관련된 문의는 거의 오지 않는다. 그럴 일이 없다. 가정이 안 좋은 상태, 가정이 깨져 있는 상태에서만 우리에게 장례를 부탁하기 때문이다.

그래서 나는 지금도 내가 돌보는 고인의 가족 관계나 신상을 묻지 않는다. 유족이 있더라도, 하나같이 다 어려운 환경인 것이 눈에 선하다. 나는 호구조사를 하러 가는 것이 아니며, 함께 일하는 분들에게도 그런 것에 대해서 일절 묻지 말라고 이야기한다. 우리는 그저 우리의 할 일만 하면 되는 것이다.

그 사람의 사연은 얼마나 많을 것인가…. 개개인의 사정은 있겠지만, 나는 그 사정을 알려고 하는 사람은 아니다. 나는 10년간 죽음의 현장이나 장례식의 사진 한 장 찍어둔 적이 없다. 애초에 찍을 필요가 없다. 봉사단 사무실의 캐비닛 안에도 사진 같은 건 전혀 없다. 내게 누군가의 죽음은 공문과 서류, 이름과 숫자로 남아 있을 뿐이다.

우리는 사진을 찍어서 남에게 자랑하고자 하는 단체가

아니다. 모든 봉사단체가 그런 건 아니겠지만, 나는 남에게 우리가 이렇게 합니다, 떠벌리는 것은 정말 싫다. 우리가 하는 그 정도면 됐다. 남이 우리를 잘한다고 칭찬해 주었을 때 그것을 받는 정도면 족하다.

나는 살아 있는 사람들을 위해서 이 일을 하는 게 아니다. 나는 죽은 자의 유족들이 나에게 고마워하면 좋겠다는 마음도 든 적이 없다. 당신은 그저 내가 좋아서 하는 일에 관계가 되어 있을 뿐, 내가 당신을 위해 봉사하는 것이 아니다. 항상 이렇게 되뇌면서 일을 한다.

지난해 코로나 시신들의 장례를 치러드렸던 것도 마찬가지였다. 할 사람이 없고 누군가는 해야 하는데, 그 일을 내가 할 수 있다면 하면 그만 아닌가? 그래서 하자고 결정하고 끝이었다. 내가 좋아서 하는 건데 누가 나한테 고마움을 느낄 이유가 있는가?

죽음을 위한 봉사라고 하면 다들 궁금해하고, 의심부터 먼저 하고 본다. 그렇지만 내가 이 일을 시작하고 이것 덕분에 그간 단돈 10원이라도 손에 넣었다면, 나는 결코 곱게 죽지 못할 것이다.

생활보호대상자가 돌아가시면 나라에서 장례비를 보조

해준다. 10여 년 전 처음에는 10만 원부터 시작했는데, 지금은 그 보조금이 80만 원까지 올라왔다. 그 장례보조비만 봉사단이 받으면, 나머지 금액은 우리 후원금에서 보태서 한다.

유족들이 있는 경우 그 장례보조금은 유족에게 간다. 우리는 장례보조금을 받은 후 우리에게 보내달라고 말씀드리지만, 그것을 유족분들이 쓰고 우리에게 주지 않는 경우도 많다. 그래도 괜찮다. 가난한 사람들에게 그 돈을 억지로 달라고 물고 늘어지진 못한다.

값비싼 수의나 좋은 관 같은 것을 해드리진 못하지만, 내가 할 수 있는 한 정성을 다해 장례를 챙긴다. 주위에서 의심을 하거나 오해를 해도 웃고 치울 뿐이다. 내가 좋아서 하는 일인데 누구 눈치를 볼 필요가 있나?

나는 죽은 몸을 닦아드리고, 산 자들과 부대끼면서 생각한다. 사실, 이 장례 의식은 다 산 사람들이 마음 편하자고 하는 형식에 그칠 뿐이다. 돌아가신 분이 무엇을 아나? 돌아가신 분들은 숨을 거둔 직후부터 이제 아무것도 모른다.

나는 내 주위의 많은 이들이 세상을 떠나갔듯, 나도 언젠가는 죽은 몸이 될 것을 잘 안다. 나는 내게 도움을 요청하는 사람이 있으면 가서 도와드리는 게 다다. 그저 내가 좋아서 그 일을 한다. 누군가의 시신을 모시고 와서 닦고, 수의를 입히고, 관에 모시고, 차에 태워서 화장을 하러 간다. 화장된 유골을 납골당으로 모신다. 거기까지만 하면 된다. 그게 내 일일 뿐이다.

나는 살아 있는 사람을 위해서 일하는 게 아니라, 날 위해서 한다. 나도 살 만큼 살았고, 죽을 뻔했다가도 살아남았다. 그리고 나도 인간인 이상 내가 죽을 날이 머지않은 걸 잘 알고 있다.

2장

20여 년 전
저승의 문턱에
다녀온 뒤

1996년 어느 날, 현장에서 일하다가 소변을 보는데 피가 쏟아졌다. 소변에 피가 조금 섞여 있는 혈뇨가 아니었다. 말 그대로 피를 콸콸 쏟았다. 그날로 병원을 찾았고, 방광암 3기에서 4기로 막 넘어가는 단계라는 판정을 받았다.

워낙 상황이 급박해서 입원 절차와 함께 부랴부랴 수술 일정을 잡았고, 병원에 간 지 일주일 만에 수술을 받았다. 다행스럽게도 수술은 성공적이었다. 수술 이후에는 오랫동안 다섯 차례에 걸친 항암 치료, 60회의 방사능 치료를 병행했다.

훗날 듣기론 수술 뒤 항암과 방사능을 받을 때, 문병 온 사람들이 말은 안 했어도 다 내가 못 사는 줄 알았다고 한다. 안 그래도 비쩍 말랐던 내가 산송장이 다 됐었다나. 그래도 악으로 버텼다. 삼킨 음식이 역류해서 다시 올라오면, 입 안에 고춧가루를 뿌려 그걸 다시 삼키는 일을 반복했다. 다들 독하다고 고개를 저었다.

그렇지만 첫 발병으로부터 만 3년 뒤인 1999년에 암이

재발했을 때는, 어지간해선 잘 낙담하지 않는 나도 조금 꺾였던 것 같다. 재발 후에는 항암 대신에 암세포를 죽이려고 방광을 깎아내는 약을 먹었는데, 그걸 먹고 나면 정말로 고통스러웠다. 방광에서 표피를 깎아내면 나오는 핏덩어리를 요도의 작은 구멍으로 빼내야 하는 과정이었다.

어느덧 암으로 치료받은 기간만 5년이 넘어가던 2002년 즈음이었을까. 입원하고 병원에서 종일 창밖을 보던 내 눈에 낯설고도 특이한 장면이 들어왔다. 그때 내가 입원해 있던 병실 바로 옆이 장례식장이었다. 그래서 창문 저편으로는 하루에 몇 번이고 사람들이 시신을 달달달 싣고 가는 게 보였다. 문득 어떤 생각이 머릿속을 스쳤다. 내가 저 일을 해보면 어떨까. 내가 죽은 사람을 위해서 무언가를 할 수 있다면 어떨까….

돌아보면 그때 나는 좀 서글픈 감정에 휩싸여 있었던 듯싶다. 정신없이 먹고살다가 죽을병에 걸리고 그게 또 재발에 재발을 거듭하니, '내가 뭐 하려고 이렇게 살았나?'라는 상념으로 가득했던 때였다.

그래서 내가 만약 살아서 저 장례식장 옆의 병실 밖을 걸어 나간다고 한다면, 무언가 인간답게 살아보고 싶었다. 돈 때문에 전전긍긍하지 않고, 남과 다투지 않고 살아갈 방법이 무엇일까. 내가 무엇을 할 수 있을까. 그런 것에 대한 고민이 계속되던 시절이었다. 그때 내 눈에 들어온 게 장례식장이었다.

죽은 사람의 몸, 시체에는 누구도 손을 안 대고 싶은 게 인지상정일 것이다. 하지만 누군가는 저 일을 저기서 하고 있다. 그렇게 장례식장 인근의 풍경을 계속 바라보다 보니 죽은 사람을 위한 봉사를 해보고 싶다는 마음이 조금씩 커졌다. 세상 사람들이 가장 꺼리는 일을 한다면 내 인생도 조금은 가치가 있다고 말할 수 있지 않을까 하는 생각이 들었다.

나는 평생에 키 180센티미터에 몸무게는 56킬로그램이었다. 나는 굉장히 날카로운 사람이었다. 암에 걸리기 전엔 눈에 살기가 바짝바짝 흐른다는 이야기도 많이 들었다.

난 중학교를 졸업한 뒤 바로 생활 전선에 뛰어들었다. 고등학교에 가지 않고 곧바로 유리 시공과 미장일을 시작했고, 이후 이쪽 일에 자리를 좀 잡고 나선 인테리어와 건축업에 종사했다. 그래서인지 아득바득 살아남으려는 습관은 아주 어릴 때부터 형성됐다. 거기다가 완벽주의인지 뭔지는 몰라도 일이 잘못되면 나는 그 일을 완벽하게 하지 못한 나 자신을 너무나도 미워했다. 그 습관도 십 대 때부터 그대로였다.

수십 년간 일하는 내내 고치는 대신 부숴버리는 방식을 택했다. 현장 공사를 하고 받아야 할 돈을 받으러 갔을 때, 발주처에서 하자를 지적하거나 이런저런 아쉬움을 토로하는 경우가 있었다. 그런 지적 사항이 내가 봐도 납득이 가면 나는 견디지를 못했다. 나는 왜 그걸 제대로 해내지 못했느냐고 자신에게 성을 내며 다 부숴버린 적이 한두 번이 아니다.

그래서 사람들에게 "성질이 못되고 무서운 놈"이란 말을 많이 들었지만, 지금 돌이켜보면 결국 스스로를 미워했던 것 그 이상도 그 이하도 아니다. 남들은 그걸 탈 없이 잘하는데 나는 왜 안 되느냐 하는 자기혐오였을 따름이다. 내가 나 자신을 미워하는 일에 익숙해지니 사람이 미쳐버린다. 남은 되는데 왜 나는 안 되나?

나는 암에 걸리기 전까지 쭉 그렇게 살았다. 우리 집안에 암이라고는 아무도 없는데 나 혼자만 암에 걸린 것이었다. 가족들도 다 그걸 알았다. 나의 암은 유전적인 것이 아니라 순전히 나의 성격, 나의 스트레스 때문에 발병했다는 것을.

그랬던 나도 저승의 문턱을 밟았다가 돌아온 뒤로부턴 조금씩 바뀌기 시작했다. 자의로든 타의로든 그때부터 마음을 비우고, 빈틈도 좀 인정하며 하루하루 즐겁게 살아가는 버릇을 들였다. 수술하고 암 치료를 하면서 그때부터 살이

찌기 시작했다. 항암 과정에서 몸이 오히려 회복된 것이다. 더는 이해타산을 따지지 않아도 되고, 스트레스를 안 받아도 된다는 걸 내 몸도 알았던 것일까. 다 내려놓고 던져버리니까 사람 마음이 그렇게 편해진다는 걸 그때 알게 됐다.

처음 암을 발견하고 수술한 뒤 언젠가 아내와 팔공산 쪽으로 바람을 쐬고 있었다. 그때 우리는 산 남쪽 중턱의 부인사(符仁寺)를 지나가고 있었다. 나는 종교도 없는 사람이고 몸도 안 좋았지만, 절이 너무 가보고 싶어 견딜 수가 없었다. 그래서 그곳으로 발걸음을 향했다.

무엇보다도 법당에 앉아 있으니 마음이 참 편했다. 거기에 계신 분들과도 인사를 나누었는데, 내 이야기를 듣더니 많이들 위로도 해주셨다. 그렇게 연이 닿아 몇 년간 아내와 부인사에 열심히 다니곤 했다.

그러면서 그때까지의 내 밥벌이를 살려 풀도 깎고 사찰 수리도 돕고, 사람들과 같이 놀러도 다니고 그랬다. 항암 치료를 받느라 머리카락이 앞에만 남고 다 훌훌 빠져버렸지만, "처사님은 머리가 새로 나네요? 얼굴도 밝아지고 있으시고." 라는 말도 자주 들었다. 지금 생각해도 참 고마운 위로였고, 고마운 분들이었다.

자신을 비운다는 것. 삶이란 아무것도 없이 빈손으로 왔다가 빈손으로 간다는 것…. 그건 부처님의 가르침이기도 하고 내가 절을 다닌 뒤부터 줄곧 생각했던 건데, 그것도 2002년 병실에서의 내 다짐과 결심에 영향을 미쳤을까?

그리고 2003년에 장례지도 공부를 한 뒤 이듬해부터 지금의 이 일을 시작했다. 물론 처음에는 주위의 반대가 심하기도 했고 아직 아이들도 학교에 다니고 있었기 때문에 건축업과 장례 봉사를 병행했다. 그런데 힘든 분들의 장례를 도와드릴 때마다 내 마음이 너무 편했다. 다른 이유는 없었다. 그냥 내가 좋았다. 마음을 비우고 욕심을 부리지 않으니 내가 편안해졌다.

건축 일은 아이들이 둘 다 대학을 졸업한 2009년 즈음 완전히 손을 놓았다. 그때부터는 이 장례 봉사 일에만 힘을 쏟았다. 사실 힘을 쏟았다는 표현도 정확하진 않다. 쉬엄쉬엄 놀면서 내가 필요한 사람이 있으면 가서 도왔기 때문이다. 그렇게 살아온 지 어느덧 10여 년이 훨씬 넘었는데, 나의 이런 생활을 후회했던 적이나 그만두고 싶었던 적은 단 한 번도 없다.

내가 하고 싶은 일이 있으면 뒤를 안 보고 고집을 부리는 성격은 예나 지금이나 여전히 그대로다. 그게 나를 이 일에 20년 가까이 매달리게 한 원동력임은 부정할 수 없다.

3장

죽은 몸을 돌보는 일에 관하여

그래서 어느덧 영안실에서, 또 현장에서 시신을 만나는 게 자연스러운 삶을 살게 됐다. 나는 염습(殮襲)을 한다. 후배들은 이제 뒤에 물러서서 쉬라고 하지만, 나는 영안실에서는 시신을 직접 만지고 정결하게 해드리는 게 편하다. 나는 '염장이'라고 불리는 삶을 살고 있다.

아무리 돈이 없고 가진 게 없더라도, 누군가의 애도가 없는 죽음이더라도, 장례는 결국 산 사람들의 위안에 그친다고 하더라도, 죽은 이들에게 우리가 갖춰야 할 어떤 예우가 있을지도 모른다. 나는 그것이 있다고 믿고 있다. 염장이는 그것을 지키기 위한 일을 한다.

염습 중에서도 시신을 깨끗하게 닦아드리는 일을 '습(襲)'이라고 한다. 시신이 들어오면 그가 입었던 모든 것을 벗긴 뒤에 손발부터 시작해 온몸을 닦아드린다. 그리고 머리를 감겨드린다.

요즘은 시신을 닦을 때 알코올을 사용하지만, 예전에는 향나무를 잘게 쪼개어 물에 불려 만든 향 물을 사용했다. 향은 시신의 부패를 방지하고, 시신이 썩어 냄새나는 것을 막아준다. 옛날에 빈소에서 향불을 피웠던 것도 향이 시신 썩는 냄새를 방지해주었기 때문이다.

원래 염장이와 장례지도사는 시신의 부패와 감염을 막기 위해 생겨난 직종이다. 요즘에야 그런 걱정은 거의 하지 않아도 되지만, 언제나 보건이 최우선이다. 코로나 사망자의 경우 돌아가신 후 24시간 내로 화장을 하라고 했던 것도 그런 맥락이었을 것이다.

염습하기 전 시신이 경직되고 뒤틀려 반듯하게 눕혀야 하는 경우도 있다. 사후경직이 심해 시신이 씻기기 힘든 자세일 때는, 시신에 체온을 전달해서 죽은 몸의 근육을 풀어주어야 한다. 온기를 전달하지 않고 급하게 일을 할라치면 몸의 관절이 부러져버린다.

시간을 정말 오래 들여 근육에 열을 가하고 관절을 서서히 움직이면, 조금씩 굳은 근육과 관절이 풀어지는 게 느껴진다. 그렇지만 때로는 염습을 하는 도중에 시신의 손발이 안으로 말려 들어가거나 시신이 주먹을 꽉 쥘 때도 있다. 축 늘어져 있던 근육이 갑자기 빳빳해지거나, 시신의 표정이 미묘하게 변할 때도 드물지 않다. 사람이 숨을 거둔 후에도 몸의 세포는 아직 살아서 경직의 과정이 진행되고 있는 것이다.

그럴 때면 나는 시신의 몸을 천천히 풀어준다. 시신을 닦아드리는 도중이거나, 아니면 수의를 입히는 도중이라도 그에게 따뜻한 열기를 전해드리고 "이제는 편히 가소." 말도 건네준다. 가끔 염습대 위에서 뻣뻣한 시신과 부둥켜안고 끙끙대는 스스로를 보고 웃음을 흘릴 때도 있다.

어느 정도 목욕의 단계가 끝났으면 다음은 얼굴이다. 시신이 남성일 때는 면도를 해드리는 게 중요한 일이다. 면도는 남성인 고인을 마지막으로 보내드리며 해드리는 가장 정성스러운 절차다. 면도할 때 조금이라도 부주의하거나 칼이 안 좋으면 상처가 나기 쉽다. 그래서 따뜻한 수건으로 그의 얼굴을 적셔주고 크림을 충분히 바른 후에 면도를 시작한다. 면도 후에는 얼굴에 스킨을 발라드린다.

여성의 시신일 때는 면도 대신 더욱 신경을 써서 머리를 빗겨드리고, 로션을 발라드린다. 보통의 장례식장에선 얼굴에 정성껏 화장을 해드리는 경우도 많지만, 나는 있는 그대로의 얼굴이 가장 곱다고 생각하기 때문에 따로 화장을 해드리지 않는다.

그리고 나는 어지간하면 고인이 여자일 때는 여자 장례지도사가 염습을 하는 게 맞겠다고 생각한다. 시신을 씻기려면 한 올도 남기지 않고 다 벗겨야 하는데 그건 아무리 고인이더라도 예의에 어긋나지 않을까 하는 생각을 오래전부터 했다. 가능하다면 고인이 여자일 때는 여자가, 남자일 때는 남자가 하는 게 좋을 것이다. 나도 여성의 시신은 가급적 같이 봉사하는 이들 중에서 여성분에게 맡기려고 한다.

시신의 몸과 머리카락, 그리고 얼굴을 다 씻기고 정돈해드린 후에는 귀와 코와 입 등 얼굴의 구멍과 항문을 솜으로 막는다. 인간의 몸에서 제일 먼저 상하는 건 장기이므로, 몸 안의 장기들이 부패해서 나오는 가스를 막아주어야 한다. 솜으로 다 막은 뒤에는 한지를 접어서 만든 기저귀를 채워드린다. 사람이 죽으면 근육이 다 풀리는데 그중에서도 괄약근이 가장 쉽게 풀려버리기 때문이다.

그런 후 두 손을 가지런히 맞잡게 놓아드린다. 팔과 다리를 염포로 반듯이 묶고, 얼굴과 눈을 감겨드리고, 입이 벌어지지 말라고 고개를 세워 턱 끝을 머리와 묶어드린다. 이제 두 손이 가지런한 시신 위에 흰 천이 덮인다.

여기까지, 죽은 몸을 돌봐드리는 일의 기본은 다 되었다. 시신을 묶어서 입관하기 이전의 절차가 다 마무리된 것이다. 이 과정을 유족과 함께할 때도 있고, 이때부터 유족을 맞이할 때도 있다. 나의 경우는, 이 일을 지켜봐 줄 유족이 없는 경우들도 참 많다. 유족이 없을 때는 내가 방금 단장시켜 드린 시신과 함께 화장장으로 출발한다.

죽은 몸을 돌보는 일은 엄숙하고도 복된 노동이다. 그것은 인간을 인간답게 만드는 문명의 기초란 생각이 들 때도 종종 있다. 내가 정성껏 염습해드린 시신을 그와 사랑을 나눈 유족들이 마지막으로 만나는 것만큼 보람된 일은 없다.

그렇지만 아무도 곁을 지키지 않는 죽음이더라도, 누군가는 그 한 많은 생의 마지막 목격자가 되어드리는 게 좋을 것이다. 쓸쓸한 죽음을 마지막으로 외롭지 않게 지켜드리는 일. 나는 그 일에서 조그마한 자부심을 느낄 때가 있고, 그럴 때면 집으로 돌아와 아내에게 자랑하곤 했다.

4장

시신은
돌아가신 후
말을 한다

돌아가신 분들의 몸에는 그의 삶과 죽음이 정직하게 기록되어 있다. 감출 수가 없고, 속일 수가 없다.

고독사로 돌아가셔서 오랜 시간 뒤에 발견된 시신은, 그걸 보는 우리의 마음을 아프게 한다. 보통 더운 여름에는 부패되어 구더기가 끓고, 겨울에는 수분이 빠져나가 미라가 되어버린다. 미라가 된 시신은 수습하기 어렵지 않지만, 문제는 여름이다.

무엇보다도 시신이 썩는 냄새는 매우 고약하다. 동네에서 작은 동물이 죽으면 나는 냄새를 생각하면 되는데, 물론 그보다 몇 배는 더 심하다. 사람이나 짐승이나 썩는 냄새는 똑같다.

그렇게 여름에 시신이 훼손되었던 경우가 많았다. 마당에서 숨이 끊어져 일주일 정도만 있어도 죽은 몸엔 구더기가 슬기 시작한다. 그때는 먼저 살충제를 뿌리고 벌레를 퇴치한다. 사람 몸에 살충제를 뿌리는 일 역시 시신의 냄새만큼 고

야하고 괴롭다.

벌레는 사람의 몸 중에서도 눈과 배에 많이 슬어 꿈틀거리고 있다. 그러면 살충제와 석회가루를 뿌린 후 팩으로 하루 이틀 봉해놓아 몸을 덮은 벌레를 죽여야 한다. 그런 뒤 시신을 새로 꺼내서 죽은 벌레들을 솔로 다 털어낸다.

다음으로는 탈지면에 알코올을 묻혀 최대한 부드럽게 몸을 닦고, 한지로 들쑥날쑥한 시신을 감아준다. 수의를 입히지 못할 정도로 심하게 훼손된 시신도 가끔 있다. 그럴 때는 나도 어쩔 수 없어 시신을 최대한 깨끗하게 닦아드린 뒤 수의를 잘 개어 관에 같이 넣어드리는 수밖에 없다.

여름이든 겨울이든 고독사를 한 사람들은 눈이 없는 경우가 많다. 다른 몸은 멀쩡한데, 안구만 뻥 뚫려 있다. 시신에서 가장 피부가 연해 먼저 상하는 곳은 눈이다. 그래서 여름엔 구더기가 슬고, 겨울엔 바짝 말라 함몰되어버린다. 생선의 눈알이 쪼그라들 듯 시신의 눈도 부자연스럽게 사라지고 없다.

시신의 표정은 무심하고 편안한데 그 동공이 비어있는 걸 바라보면 섬뜩하긴 하다. 우리가 봐온 정상적인 얼굴이 아니어서 기분이 좋지 않다. 나도 처음엔 마주 보기가 쉽지 않았지만 자주 대하니 이제는 그러려니 한다.

누군가가 그를 조금만 보살펴주었다면 시신이 그 정도로 험하진 않았을 텐데…. 이처럼 홀로 죽은 채 방치된 시신은 변사 사건으로 경찰에 접수된다. 경찰에게 연락을 받아 유족들이 현장으로 오면, 하나같이 오열한다. 연락을 자주 하지 못해서 미안하다고, 이렇게까지 될 줄은 몰랐었다고 흐느끼면서.

특히 한여름에 시신이 심하게 훼손되어 있으면, 유족들도 그 죽은 몸을 보거나 손을 대기는 힘들어한다. 그러면 그들이 할 수 있는 건 나중에 영안실에서 관을 붙들고 우는 것밖에는 없다. 시신이 그만치 상하도록 늦게 발견했던 건 물론 서글픈 일이다. 하지만 우리에게 사정을 다 이야기하진 않아도, 그들이 핏줄의 애틋함을 절감하며 미안해하고 안타까워하는 것은 잘 알 수 있다.

많은 분이 술을 마시다가 집에서 고독한 임종을 맞는다. 알코올로 돌아가시는 분들은, 보통 돌아가실 때 피를 토한다. 그분들의 집을 가보면, 시체가 상해서 험한 것도 있지만 현장 자체가 너무 험하다. 피를 온몸과 집안 곳곳에 다 묻혀 놓아서 이루 말할 수 없을 정도로 험하다.

그 냄새가 참으로 역겨운 건 어쩔 수 없다. 하수도 냄새보다도 훨씬 더 지독하다. 예전에는 온 방에 피가 묻어 있어 내가 그것까지 닦고 수습을 해드려야 할 때도 많았다. 그러면 나는 투덜투덜 욕을 한다. 보통은 40대 중반에서 60대 초반까지 나보다는 다 어린 사람들이니까. '술 좀 적당히 먹고 잘 살지'라고 되뇌면서 시신을 정리한다.

병으로 돌아가신 분들은, 특히 간의 질환으로 돌아가시면 복수가 많이 찬다. 그러면 볼록 나온 배 위로 그대로 수의를 입힐 수가 없다. 수의를 입히고 끈을 당기면 입으로 이물질이 다 올라오니, 배 안에 찬 액체를 웬만큼은 다 빼주어야 한다.

그것이 항문으로는 못 나오니까, 그 노폐물이 입 밖으로 나오도록 계속 주무른다. 물에 빠진 사람의 배에서 물을 빼주는 것처럼, 배를 당기고 배를 반복해서 쳐올려 주어야 한다. 우리는 시신을 모로 잠자듯 옆으로 눕혀, 얼굴이 바깥으로 나오게 해서 폐기물 통에 입을 댄다. 그리고 30분은 족히 배를 눌러드린다. 고된 일이다.

어느 정도 노폐물이 나오고 나면 배가 조금은 홀쭉하게 들어간다. 이제 액체와 결합됐을 때 고체가 되는 약품을 준비하고, 시신을 바로 눕혀 그 약품을 묻힌 가제를 입에 넣는다. 입 안에서 약품 가루가 굳어 더는 입으로 복수가 안 나오도록 말이다. 시신의 구멍을 다 막고 난 다음에는 몸을 새로 닦은 후 수의를 입힌다.

복수 냄새 또한 일반 사람들이 상상도 하기 힘들 정도다. 그러면 배를 누르며 나는 또 투덜거릴 수밖에 없다. '술을 좀 대강 먹지, 왜 이렇게 몸이 망가지도록 술을 먹었느냐….' 라고.

교통사고를 당해 죽은 사람, 독극물로 죽은 사람, 목을 매서 자살한 사람…. 돌아가신 분들은 저마다의 고통을 몸 안에 품고 있다. 그들은 자신의 죽은 몸에 그 고통의 흔적들을 다 담고 있다. 죽을 때의 고통은 시신에 기록되어 화장장으로 향한다.

요양원이나 요양병원에 오래 계시던 분들의 시신을 보고서도 마찬가지의 흔적을 확인할 수 있다. 거기에 오래 계시면 죽은 뒤 사람의 힘으로는 도저히 펼 수 없을 정도로 사지가 빳빳하게 굳은 분들이 많다. 나의 체온으로 어떻게 할 수 있는 정도가 아니다.

아무래도 요양병원에선 간호사나 간병인 혼자서 많은 분들을 돌봐드려야 하니, 어쩔 수 없는 열악함이 있을 수밖에 없을 거다. 환자도 일상적으로 좀 움직이고 운동도 해야 관절이 굳지 않는데, 연로하신 분들은 몸을 움직이기가 쉽지 않다. 사람의 관절은 얼마 동안이라도 사용하지 않으면 굳어버린다. 노인네들이 그걸 움직일 엄두를 못 내고 귀찮아하며, 간호하는 분들도 자칫 소홀해지기 쉬우니까 그대로 굳어버리는 것이다.

사후경직 같으면 내가 천천히 노력해서 부드럽게 만들 수가 있는데, 이렇게 돌아가시기 전 관절이 돌처럼 단단해진 경우에는 어떻게 할 수가 없다. 그럼 우리는 별도리가 없어 시신의 등 뒤에 칠성판(七星板)★을 모시고 거기에 사지를 억지로 고정시킨다. 시신의 관절을 부수는 대신 그의 사지를 쭉 펴 등에 댄 나무판에 삼베 끈으로 묶는 것이다. 고인한테 조금 편하지는 않을 것이어서 미안할 따름이다.

그렇지만 가족들은 그렇게 고인의 몸을 칠성판에 고정했다는 설명을 듣고도 대개 별다른 반응은 없다. 고인의 관절이 뻣뻣해져 다리가 안 펴진다고 해도, 고인이 관 속에서 바로 눕지 못한다고 하더라도 크게 슬퍼하고 그렇진 않은 것 같다. 자주 찾아뵙고 돌봐드리지 못했다고 미안해하지만, 보통

★ 관(棺) 속 바닥에 까는 얇은 널조각. 북두칠성을 본떠서 일곱 개의 구멍을 뚫어 놓는다.

은 거기서 비통함이나 애절함 같은 건 느껴지진 않는다. 옛말처럼 긴 병에 효자 없다는 말이 생각나는 순간들이 많다.

아마 요즘은 코로나 때문에 더 그런 일이 많을 것이다. 코로나가 아니라면 가족들이 요양원에 자주 가서 팔다리도 주물러드리고 그랬을 텐데, 자주 뵙지를 못하니까 만져드리는 건 꿈도 못 꾼다.

올해 초, 병원에 오래 계시던 할머니가 돌아가셔서 모시고 왔다. 나는 이불을 덮고 반듯하게 누워 계시는 그 왜소한 시신을 보고 처음에는 하반신이 없는 줄 알았다. 다리가 없는 분이구나, 생각하고 염습을 시작하려 시신을 덮었던 홑이불을 들었다. 그런데 웬걸, 할머니는 가부좌를 틀고 계셨다. 문제는 그 가부좌의 자세가 굳어버려 펴지지 않는 것이었다.

아무래도 이상해서 병원 측에 전화를 걸어 물어보니, 본래 환자분이 그렇게 되어 있었다는 말만 돌아왔다. 원체 그 자세를 오래도록 바꾸지 않으셨다는 건데, 무슨 병이라도 있으셨던 걸까? 결국 할머니의 몸은 칠성판으로도 펴드리지 못한 채 그대로 관에 넣을 수밖에 없었다. 할머니의 유족은 아무도 장례식장에 오지 않았다.

누군가가 그의 마지막을 목격하든 목격하지 않든, 죽은

몸은 자신이 보낸 평생의 삶과 죽음을 증언하고 있다. 우리들은 그것을 일러 시신은 돌아가신 후에 말을 한다고 한다.

그리고 살아 있을 때가 아니라 돌아가신 후에 남긴 인간의 말이 가장 정확할 때가 있는 법이다. 설령 아무도 그것을 들어주지 않는다고 하더라도…. 나는 그것을 듣는다. 그걸로 내 몫을 다한 셈일 거다.

5장

코로나 사망자들의 마지막을 수습하며 1

2020년 2월 25일, 시에서 온 한 통의 전화가 일의 시작이었다.

대구시청의 장사계에서 근무하는 담당자가 대뜸 우리 사무실에 찾아오겠다고 말했다. 오랫동안 우리와 같은 비영리법인을 관리하는 부서에서 근무해서, 서로 잘 알고 일을 같이 했던 사람이었다. 여기에 올 일이 없는 시청 직원에게서 그런 전화를 받으니 조금 의문이었다. 우리가 뭐 잘못한 게 있나?

성질 급한 나는 그가 오기 전에 시청으로 찾아갔다. 담당자는 아무 소리 하지 않고 차부터 한 잔 주었다. 나는 차를 마시지도 않고 다짜고짜 나를 보자고 한 이유가 무엇인지 물었다.

그가 잠시 쭈뼛쭈뼛하더니 말을 꺼냈다. 코로나로 사망한 사람이 생기기 시작했는데 대구시의 어느 장례식장에서도, 어느 누구도 그 시신에 손을 대려는 사람이 없다는 것이었다. 돌아가시기 전부터 이야기가 왔다 갔다 했는데, 아무도 시신을 만지려 하지 않는다면서 "어떻게 좀 단장님이 신경을 써주실 수 있겠습니까…."라고 말끝을 흐렸다.

대구의 2월은 심각했다. 2월 20일에 신천지와 관련해 청도에서 첫 코로나 사망자가 발생했고, 23일에는 대구에서 첫 사망자가 발생했다. 거기다 며칠 새 확진자 수는 수백 명을 기록하며 도시 전체에 금세 패닉의 기운이 감돌았다.

지금에야 코로나에 관해서 대처의 경험과 역량이 쌓여 그 정도의 공포를 느끼는 건 아니지만, 그때는 그렇지 않았다. 모든 게 처음이니 모든 것이 두려움과 공포로 다가왔다. 그렇지만 나는 코로나 때문에 시청에서 나에게 무언가 말을 꺼내리라는 생각은 전혀 하지 못했다.

담당자의 말을 듣고 나는 한 대 맞은 듯한 기분이 되었다. '그걸 왜 내가 해야 하나?'라는 생각이 가장 먼저 든 게 사실이다. "그걸 왜 저한테 얘기하세요? 전담 병원 장례식장에서는 안 한답니까?"라고 내가 물으니, 상황이 그러하다며 간곡히 부탁한다는 것이었다.

갑작스러운 부탁에 이런저런 생각이 들고 머뭇거려졌다. "진짜로 그걸 아무도 안 해주려고 합니까?"라고 다시 물으니까 감염에 대한 두려움으로 아무도 손을 안 대려 한다는 것이었다. 그는 “어떻게 단장님께 부탁을 좀 해야 하겠습니다.”라는 말만 반복했다.

조금만 더 고민해보겠다고 하곤 사무실로 돌아왔다. 내 주위의 아는 의사들에게 전화를 걸어 코로나19 바이러스에 관해 물어보았다. 의사들은 내가 그 일을 맡는 것에 대해 약간의 걱정과 우려를 나타내면서도, 코로나 역시 바이러스일 뿐이라고, 숙주가 죽으면 바이러스가 죽으니까 살아 있을 때처럼 바이러스가 움직이진 못할 거라고 말해주었다. 그들은 “방호복만 꼭 잘 챙겨 입어라. 그리고 최대한 조심만 하면 될 거다.”라는 얘기를 해주었다.

의사들의 이야기를 듣고는 내가 조심만 하면 큰 지장이 없겠다는 생각이 들었다. 조심해서 하자, 또 어차피 누군가는 해야 하니까 내가 하자, 그런 생각을 했다. 다 안 하겠다고 하면 할 사람이 누가 있겠는가?

그렇게 다짐한 뒤 같이 일할 사람들에게 연락을 돌렸다. 봉사단 후배들 중에서 운구차를 몰 수 있는 이에게 가장 먼저 전화했다. 워낙 함께한 시간이 긴 그는 처음 내 말을 듣고서 펄쩍 뛰었다. “아니, 이 시국에 코로나 시신이라니요? 형님은 왜 또 그걸 맡아서 와요. 우리가 꼭 안 해도 되는데 왜 구태여 그걸 가져와서 저한테 맡깁니까?”

그런 말을 듣고 포기할 내가 아니었다. “야, 안 죽어. 내가 의사한테도 다 물어보고 알아봤어.”라고 말하면서 그를 설득했다. 어차피 그 후배는 처음에는 퇴짜를 놓아도 내가 하는 일이면 누구보다 열심히 도와주곤 했으니까, 그렇게 승낙을 받았다.

다른 후배들도 마찬가지였다. 처음에는 머뭇거렸지만 결국 다들 승낙했고, 나는 시청 담당자에게 전화를 걸어 말했다. “좋습니다. 누군가 해야 하는 일이라면 우리가 할게요.” 그렇게 2020년, 스물네 구의 코로나 시신을 돌보는 일이 시작되었다.

그로부터 사흘 뒤. 시내 대학병원에서 1950년생의 코로나 환자가 돌아가셨다고 연락이 왔다. 그때까지만 해도 우리에겐 준비된 것이 아무것도 없었다. 시에서 지원해준 방호복만 있을 뿐이었다.

코로나 사망자의 경우, 병원에서 돌아가신 분은 환자복을 입은 그대로 24시간 이내에 화장을 마쳐야 했다. 시신을 비닐팩으로 밀봉하고, 그것을 의료용 시신팩으로 다시 싼 뒤 관에 넣어야 하는 것이었다. 우리는 시신팩으로 밀봉된 시신을 관에 옮기고 끈으로 묶는 결관(結棺) 절차를 거친 뒤 화장장에 가면 된다고 시에서 지침을 받았다.

그래서 방호복만 챙겨 우리는 병원으로 향했다. 병원에는 코로나 병동이 따로 마련되어 있었고, 사망자는 이동식 병실 침대 위에 환자복을 입은 그대로 누워 있었다. 평상시에도 병원의 전염병동에 들어갈 때가 있었지만, 첫 코로나 사망자를 모시러 코로나 병동에 갔을 때는 역시 조금 섬뜩했다. 그때만 하더라도 코로나에 걸리면 다 죽는 줄 알았던 때니까.

나와 후배 한 사람은 방호복을 입고 들어가서 시신을 보았다. 한데 시신은 돌아가신 뒤 아무 밀봉 절차도 거치지 않고 있었다. 우리는 어리둥절했다. 그건 사실 시청에서 들었던 말, 그리고 매뉴얼의 내용과는 달랐기 때문이었다.

앞서 적었듯 사망자를 수습하기 전 우리는 시청 장사계에서 "병실에 가면 시신팩에 넣어진 시신이 있을 겁니다. 장례지도사는 그 시신을 관에 넣은 뒤 잠시 보관해두었다가, 화장장에서 화장을 하고 유골만 안치시키면 됩니다."라는 말을 들었다. 또 매뉴얼 책자에도 분명히 그렇게 나와 있었다.

즉, 코로나19 매뉴얼에는 사망자가 발생했을 시 시신팩에 넣는 것까지는 의사들이 해야 한다고 적혀 있었다. 우리는 매뉴얼에 따라서 밀봉된 상태 그대로 시신을 모시기만 하면 되는 줄 알았는데, 막상 의사가 그 일을 안 해봐서 해두지를 않는 것이었다. 일반인과는 다르게 전염병을 앓던 사망자는 감염성이 있으니 그 시신을 봉해놓는 게 의료인들의 의무였다. 그렇지만 매뉴얼과 현장은 똑같이 굴러가지 않았다.

그래도 어쩌겠는가. 그 병실 안에서 간호사들과 의사들에게 매뉴얼을 따질 엄두가 나지 않았다. 당시 병원의 분위기는 누군가를 만나서 차분하게 이야기를 나눌 상황이 아니었다. 처음 겪어보는 일이니 다들 짜임새도 없고 경황도 없었고, 의사와 간호사를 마주칠 일도 없었다. 폐쇄된 병동에서 환자들을 챙기느라 모두 분주한 때였다.

그런 상황에서 무조건 매뉴얼대로 가야 한다고 말하는 건 또 아닐 수 있겠다 싶어 다시 나가 비닐팩과 시신팩을 챙겨 왔다. 나와 후배는 시신을 비닐팩에 이중으로 봉한 뒤 시신팩에 넣고 결관(結棺)해서 병원을 빠져나왔다. 우리는 화장장으로 향했고, 유족은커녕 고인을 아는 이조차 아무도 없는 그곳에서 묵묵히 화장 절차를 마친 후 유골함을 받아들었다. 그날 우리는 온종일 방호복을 입고 있었다. 뉴스에는 대구에 번지는 코로나 이야기들로 가득했다.

6장

코로나 사망자들의 마지막을 수습하며 2

2월 28일 오전, 첫 시신을 모시러 나가기 전 나는 아내에게 '오늘은 코로나 사망자를 수습해야 한다'고 털어놓았다. 자초지종을 설명하고, 방호복만 잘 입으면 아무 문제 없을 거라고 아내를 설득했다. 아내는 내 이야기를 듣고서는 깊은 한숨과 함께 "저 고집 누가 꺾나"라고 눈을 흘겼다.

그러면서 더 별말을 하진 않고 밖에 나가더니 소독약과 차에 뿌리는 소독 스프레이를 한 아름 사 왔다. 그날로부터 나는 코로나 시신을 소독한 뒤엔 집에 바로 들어가질 못했다. 아내는 아예 문을 열어주지 않았다. 바깥에선 보이지 않는 우리 집 마당의 수도 호스 옆에서 옷을 다 벗고 샤워를 해야 했다.

아내는 매일 아침에 나와 함께 소독 스프레이를 내가 몰고 다니는 차 안과 차 바깥에 뿌렸다. 그걸 내가 코로나 사망자를 수습하는 내내 계속했다. 아마 당시에 네 살, 여덟 살이었던 손녀가 자주 우리 집에 와 있었기 때문에 더 신경을 썼을 것이다.

앞서 말했듯 첫 번째 환자는 병원에서 돌아가셨지만, 이튿날 오후에는 시내의 한 빌라에서 사망자가 발생했다. 이분은 혼자 살고 계셨는데, 보호소에서 코로나 검사를 받은 뒤 귀가하여 조금 있다가 돌아가셨다. 돌아가신 그날 아침에도 아들 내외가 집에 다녀갔다고 했다.

그때는 자기가 코로나에 걸렸는지 안 걸렸는지도 모르는 게 태반인 상황이었고, 증상도 별로 알려지지 않은 때였다. 그런 시기에 갑작스레 코로나로 가족이 돌아가셨으니 유족들은 얼마나 황망했을까? 더욱이 우리에겐 집에서 돌아가신 분을 수습하는 일도 처음이었다. 비닐팩, 시신팩과 관까지 일체 다 준비해서 차에 싣고, 그걸 집 안까지 들고 가야 했다.

우리는 시 상황실에서 알림을 받고 저녁 8시쯤 빌라에 도착했다. 119 소방차도 우리와 함께 집 앞에 도착했고, 우리는 다 방호복을 입은 채 대기하고 있었다. 한데 시간이 아무리 지나도 경찰이 오질 않았다. 누군가가 유족도 없이 집에서 사망한 게 확인되면 경찰이 와서 검안의를 불러주고 현장이 보존돼야 수습 절차가 진행되는데, 경찰이 오질 않으니 우리는 모두 빌라 앞에서 손 놓고 기다리는 수밖에 없었다.

이윽고 자정이 가까워졌다. 나는 화가 나서 상황실에 전화를 했다. 이젠 집에 가야겠다고, 지금 뭐 하는 거냐고 따지니까 조금만 더 기다려달라고 사정을 했다.

동네 이웃들의 관심도 고역이었다. 119 소방차가 몇 시간째 서 있고, 방호복을 입은 사람들이 관을 든 채 대기하고 있으니 온 동네 사람이 다 나와서 무슨 일인지, 사망자가 어떻게 돌아가셨는지, 왜 빨리 모셔가지 않는지 우리에게 물었다. 저 위에 사시는 분이 코로나로 죽었다는 말씀은 차마 드리지 못했다. 그러면 온 동네가 난리가 날 테니까.

12시 반쯤 드디어 경찰이 도착했다. 왜 인제 왔느냐고 물으니까, 코로나로 죽었는데 누가 오고 싶어 했겠느냐는 어이없는 답이 돌아왔다. 형사는 시신을 제대로 보지도 않고 코로나가 확실하니까 모셔달라고 말한 뒤 가버렸다. 그래서 4층까지 계단으로 관을 들고 올라가서, 세 사람이 낑낑대며 그걸 내렸다. 그게 어찌나 힘이 들던지…. 우리는 감염을 전담으로 하는 대구의료원 안치실에 시신을 모셨다가 다음 날 화장을 하러 갔다.

가족인 아들 내외도 오전에 확진자와 접촉했으니 빨리 격리되어야 했는데, 격리도 안 되고 그 밤까지 빌라 앞에 우리와 남아 있었다. 두 사람은 다행히 음성이 나왔지만 화장장에 함께 가진 못했다. 격리가 풀린 뒤 우리가 납골당에 안치해둔 유골함을 나중에 찾아갔다.

그리고 3월과 4월에는 며칠 간격으로 계속 사망자가 발생해, 나도 그 일에 몰두해야 했다. 당시의 코로나 사망자들을 둘러싼 상황은 위중하고도 슬펐다. 돌아가시는 그 순간에 망자의 곁에 함께하지 못하는 건 물론이요, 돌아가시면 24시간 내로 화장해야 하니 장례를 치르는 것도 언감생심이었다. 가까운 유족들이 고인의 마지막을 지킬 수 없는 죽음이었다.

코로나 확진자와 접촉했던 가족이 있으면, 그들은 집에 격리가 되어야 했다. 검사 후 음성이 나오더라도 격리 기간에 환자가 돌아가시면 화장장에 못 오는 것이었다. 한집에 살지 않고 확진자와 접촉이 없던 유족은 방호복을 입고 화장장에 와서 시신이 화구로 들어가는 것을 볼 수 있었기에 화장을 마치면 유골함을 드릴 수 있었다. 하지만 두 번째 사망자의 경우처럼 유족들이 격리되어 아무도 오지 못하면, 유골을 대구시립납골당의 무연고 안치 자리에 보관해 두었다가 그들이 격리 해제가 되어 찾아왔을 때 드려야 했다.

그러다 보니 가족이 가는 마지막 길을 보지 못하고 유골함만 볼 수 있는 경우가 대부분이었다. 삼일장(三日葬)은 커녕 죽은 시신을 가족이 마지막으로 보지도 못하는 죽음을 상상할 수 있는가. 감염병과 재난은 일순간 가장 가까운 이들을 무연고로 만들어버린다는 걸 생생하게 확인했던 순간이었다.

그들을 화장하는 순간도 적막하고 고요했다. 내가 시신이 다 수습되었다고 시에 보고하면, 시 상황실에서 화장장으로 연락을 한다. 그러면 대구 화장장에선 하루의 마지막 회차인 9회 차 화장이 마무리되는 오후 4시 이후 대부분의 직원을 다 퇴근시키고 준비를 해두었다. 필수 인력만 남겨진 채 텅 빈 화장장에서 5시가 넘은 시각 코로나 시신의 화장이 시작되었다.

4월 초에 돌아가셨던 사망자는 개인택시를 운전하는 분이었다. 택시를 운전하고 돌아오는 길에 몸이 아프다고 병원에 가셨다. 거기서 검사를 받았는데 코로나 확진이 떠서, 그냥 입원을 해버렸다고 했다. 전화기 한 대만 갖고 가셔서 입원한 것이었다.

그러니 처음에는 심각하지도 않고 설마 어떻게 되겠나 하는 생각에 병원에서도 가족들과 계속 통화를 나눴단다. 가족들도 빨리 나아서 오시겠지, 생각하면서 일주일이 넘게, 사망하기 전날까지 매일 통화했다고 했다. 그러고서 그길로 돌아가셨으니 정말 아닌 밤중에 홍두깨였을 것이다. 일 잘하고 오시다가 코로나에 걸려서, 그냥 검사받으러 갔다가 입원한 후 그길로 자식들과 얼굴도 못 보고 아무도 없는 곳에서 돌아가셨던 것이다. 정말로 건강하셨던 분이 그렇게 가버리시니 황망하기 그지없는 일이었다.

상황이 이러하니 몇몇 유족들은 난리가 났다. 코로나로 돌아가셨는데 나라에서 아무것도 안 해주었고 대책도 없다고, 빈소도 못 차리는 게 말이 되느냐고 언론에 분통을 터뜨렸다. 안타까운 일이었다.

내가 해드릴 수 있는 건 없었지만…. 우리가 모시는 사망자의 유족들께는 우리가 방호복 가격을 다 지불해드렸다. 보통 유족 한두 사람이 오면 화장장에서 해주었지만, 간혹 고인과 접촉하지 않았던 유족들이 더 많을 때도 있었고 화장장의 지원도 그 이상은 힘들었다. 그럴 때는 한 분이라도 더 코로나 시신의 화장을 참관하게끔 하기 위해 봉사단의 예산을 끌어 왔다. 가뜩이나 갑작스레 가시는 시신들이 조금이나마 덜 외롭길 바라는 마음이었다.

수의도 그랬다. 코로나 사망자를 다루는 매뉴얼에도 수의를 입히는 것 같은 절차가 있을 턱이 없었다. 시에서도 수의 값은 지급할 수 없다는 말을 들었다. 그래서 나는 '입히지는 못해도, 덮어라도 드리자'라고 생각했다. 봉사단의 예산을 짜내 시신이 오면 비닐팩 위의 시신에 수의를 덮어드리고 그것을 시신팩에 함께 넣어드렸다.

하지만 어느 날에는 욕을 먹기도 했다. 4월 중순 자택에서 돌아가신 할머니의 시신을 수습해드렸는데, 두 아들이 화장장으로 찾아왔다. 그중 둘째 아들은 그렇게 어머니를 모시고 화장을 해주신 것만으로도 고맙다고 내게 말했다. 하지만 큰아들은 수의도 입히지 않고 험하게 시신을 대했다고 화장장이 떠나가도록 내게 고래고래 욕을 했다.

나는 "코로나로 돌아가시면 내가 뭘 할 수 있는 방법이 없다. 매뉴얼에 나온 것처럼 환자복을 입은 그대로, 비닐팩과 시신팩으로 싼 뒤 관에 넣어 화장하는 수밖에 없다. 대신 수의를 시신팩 안에 곱게 개어 넣어드렸다."고 설명을 드렸지만 통할 리가 없었다. 물론 슬픔을 가눌 길이 없어 내게 화풀이를 했을 거라는 걸 안다. 그래도 조금은 섭섭한 마음이 들었다.

4월 말, 70대 초반의 남성이 코로나로 돌아가셨다. 첫째 딸은 우리와 연락이 닿아 사망 소식을 바로 전해드렸다. 한데 30대 후반쯤 된 둘째 아들은 외국에 유학을 가 있었던 모양이다. 아버지가 편찮으시다는 소식을 듣고 보러 오는 길이었는데, 우리나라에 들어오는 도중 돌아가버리셨다고 했다.

본래 코로나 병실의 환경은 외부에 공개할 수가 없었다. 시신팩으로 시신을 봉한 뒤 관 속에 정리하는 작업은 유족들이 참관할 수 없다. 시신 수습이 마무리된 뒤 유족들에게 따로 보여드리는 것도 불가능하다. 한데 그 아들이 누나와 함께 우리를 찾아와서 자기 아버지를 못 본 지가 몇 년이 넘었다고, 아버지 얼굴이라도 제발 한 번 보게 해달라고 통사정을 했다.

나도 매뉴얼대로만 한다면 아무 방법이 없었다. 그렇지만 나도 부모가 있었고, 자식을 키워보았는데 그게 참 인간의 도리가 아닌 듯싶었다. 내가 두 사람에게 당부했다. 원래 유족에게도 시신을 보여줄 수 없지만, 당신 사정이 그러하니 예외적으로 한번 따져보자고. 이 말이 어디에 새나가면 안 된다고. 둘은 그러겠다고 했다.

나는 코로나 병동으로 온 두 사람에게 방호복을 입히고, 내가 지정한 자리에서 더 들어오지는 말라고 말했다. 그러고는 시신과 7~8미터쯤 떨어진 자리에 의자 두 개를 놓고 둘에게 의자 위에 올라서서 이쪽을 보라고 했다. 나는 결관했던 관을 열고 시신을 다 풀어헤쳤다. 저 멀리 의자 위에 서 있는 그들에게 가물가물하게 보이는 시신을 보여주니 자기 아버지가 맞는다고 서서 펑펑 우는 것이었다. 둘이서 통곡하는 걸 보고 나도 눈물이 줄줄 흘렀다.

팩을 여니까 시신은 환자복을 입은 상태 그대로였다. 울음이 좀 잦아든 둘은 왜 수의를 입혀드리지 않았느냐고 내게 물었다. 그래서 난 코로나 시신을 그렇게밖에 보내드릴 수 없는 절차를 설명해드렸다. 그래도 수의를 덮어는 드렸다고 말씀드리며, 다시 한번 수의를 접어 새로 갈무리를 해드리니 그렇게 고맙다며 내게 인사를 했다. 울면서 연신 고마움을 전하는 그들을 보고 조금이나마 뿌듯하고 보람된 마음이 들었다.

2020년 5월 16일 스물네 번째 사망자를 끝으로, 내가 코로나 시신을 더 수습할 일은 없었다. 첫 사망자 발생으로부터 두세 달 즈음이 흐르자 장례식장들도 코로나 시신을 잘 화장하기만 하면 문제가 없다는 것을 알게 됐다. 그다음부터는 식장과 업체들도 돈을 벌기 위하여 이 일을 시작했다.

다른 업체들이 맡겠다는 걸 굳이 내가 받아올 필요는 없었다. 나는 그때까지 한 것으로도 족했다. 그 두어 달의 시간은 그리 길었던 건 아니었지만, 이 일을 오래 해왔던 내게도 참 많은 생각을 남긴 경험이었다. 코로나라는 비극 속에서 내 눈으로 직접 사망자들의 마지막을 목격할 수 있던 건 다행스러운 일이었다.

지금도 코로나19 바이러스의 고통이 전 세계에서 이어지고 있지만, 대구의 2020년 봄은 전대미문의 공간, 전대미문의 나날이었던 것 같다. 내 예순여덟 평생에 그러한 죽음의 모습, 죽음의 현장은 처음이었다. 그리고 그것은 인간이 죽음을 대하는 법, 인간과 장례의 의미에 관해서 그 뿌리부터 다시 생각하게 했다. 사람은 그렇게 죽어서는 안 된다는 다짐을 다시 되새기게 했다.

7장

이 땅 위에
연고가 없는
사람은 없다 1

코로나라는 재난의 상황은 인간의 모든 것을 끊어놓고 무연(無緣)으로 만들었지만….

우리 중에서 가족이 없는 사람은 없다. 하늘에서 외따로 뚝 떨어진 사람이 있다면, 그에겐 연고자가 없다고 볼 수 있을 것이다.

그렇지만 그런 사람이 어디 있나. 대부분은 다 자신을 낳아주었던 사람이나 자신의 혈육이 있다. 단지 연고자들과 연락이 안 되거나, 연고자들이 외면하고 방치해서 혼자 죽으면 그게 고독사가 되는 것이다.

자식과 부모 간에 어제도 연락하고 오늘도 연락하고, 안부를 묻다가 전화를 안 받으면 '왜 전화를 안 받지?'라고 생각할 것이다. 가족이 아니라 친지들이라도 연락만 되면 문제없다. 그게 아니라 그들을 내버려두고 아무렇지도 않게 한 달, 6개월, 1년이 지나가버리면 그런 소리가 나오는 것이다.

아주 특수한 케이스가 아니라면, 우리에게 연고는 다 있다. 그러나 연고가 있으면 무엇 하나. 나는 지난 15년간 무연고자가 아닌데도 무연고자처럼 되어버린 사람들, 그렇게 외롭게 죽은 사람들을 많이 보곤 했다.

우리는 가족의 단절이라는 현상 속에 살고 있고, 예전처럼 하나의 동네가 대가족 공동체로 끈끈하게 연결된 세상은 이제 우리 곁에 없다. 내 옆집에서 누가 고독하게 죽어도 몇 주나 몇 달간 알지 못하는 경우가 많다. 요즘 그런 현상이 더욱 심해지고 있는 것은 분명하다.

그래서 고독사 때문에 우리 사회에서도 계속 이야기가 나오는 것이다. 나는 가끔 기자들이나 누가 이 문제에 관해서 나한테 물어보면, 큰소리부터 치고 본다. 아니, 이런 사고가 난 사후에 기사를 쓰거나 이론을 줄줄 읊기보단 행동부터 하라고. 주위에 그런 분들이 계시는 것 같다면 연락이나 자주 하라고. 찾아뵙기나 좀 하라고.

그동안 고독사에 관해 그동안 언론과 방송에 참 많은 이야기를 했다. 이 문제에 관해서 이야기만 나오면 나의 목소리가 높아지고, 말이 많아지는 것을 스스로가 느끼고 있다.

혼자 사시는 노인이 많아지고 있다. 그런 분들의 이야기를 들어보면, 걱정을 참 많이들 하신다. 자기가 혼자 살다 가면 자기 시신을 누가 치울지를 마음에 담아가며 살아가는 분들이 참 많다.

대구 시내의 임대아파트에 살며 1년에 꼭 두 번은 연락이 왔던 여든 남짓의 할아버지가 계셨다. 잊을 만하면 "단장님, 잘 계십니까?"라고 전화가 왔다. 병원에 있으면 병원에 있다고 전화가 와서, 병원에도 몇 번 병문안을 간 적도 있다. 퇴원하신 뒤 한 번은 댁에 찾아뵙기도 했었다.

그렇게 삼사 년 정도 나에게 계속 전화가 왔다. 건강하신데도, 당신이 죽으면 잘 부탁한다고 내게 신신당부했다. 나는 연락이 올 때마다 "어르신, 너무 걱정하지 마세요."라고 말씀드렸다.

그러던 어느 날, 모르는 번호로 전화가 와서 받아보니 그 노인분의 지인이었다. 그는 노인분께서 돌아가셨다는 소식을 전해주었다. 어떻게 내 번호를 알았느냐고 물으니, 내 명함이 그 노인분 방의 벽에 붙어 있더라는 얘기를 들려주었다.

통화하면서 눈물이 차올랐다. 오래전 이 일을 처음 시작했을 때 시 변두리의 임대아파트를 찾아다니면서 팸플릿과 명함을 드리기도 했었다. 사정이 힘든 분들은 언제든 우리를 찾으시라고, 그걸 보고 전화를 주시라고…. 그 노인분은 내가 장례를 치러드리고, 시립 납골당의 무연고 안치실에 모셔드렸다.

또 언젠가는 저 가난한 동네에서 노인 한 분이 돌아가셨다고 이야기를 듣고 가보았다. 혼자 사시다가 돌아가셨는데, 내가 가니 공무원과 부검의가 시신을 지키고 있었다. 편하게 누워계셨고, 부검의에게 물으니 시신이 참 깨끗하다고 했다.

나는 방을 둘러보곤 그분이 너무나도 깔끔하게 사셨던 것에 놀랐다. 좋은 옷도 많았고, 비싼 옷인지는 몰라도 다 손질이 잘되어 있었다. 같이 시신을 보러 온 이웃도 돌아가신 분이 엄청 깔끔하신 노인네였다고 말씀하셨다.

그런 분께 자식이라도 있었으면 좋았을 텐데…. 찾아보니 구청에 연고자의 인적 조회도 나오지 않았다. 연고자가 없는 것이었다.

아무도 없으니까 방을 치워드려야 하는데, 내가 아내와 같이 가서 방을 치워드렸다. 그분이 살던 곳은 일제시대에 지어진 적산가옥의 2층이었다. 백 년 가까이 지난 건물에서 그토록 정갈하게 살아가신 노인을 생각하니 마음이 아팠다.

입던 옷은 이웃을 불러서 필요한 분들께 드리고, 남아 있던 쌀도 주위에 잡수시라고 드렸다. 어떻게 올렸는지 2층에 세탁기가 있었는데, 그건 계단으로 내릴 길이 없어 밧줄로 내렸다. 요즘은 고인의 방을 치워주는 업체들이 있지만,

불과 몇 년 전까지만 해도 그런 분들을 찾기는 쉽지 않았다. 그래서 지금으로 치면 유품 관리하는 일을 내가 많이 도맡기도 했었다. 어디서 돈을 주는 건 아니었지만, 그저 힘들게 사셨던 분들을 보면 마음이 아파서 아내의 도움을 받아 같이 치우러 많이 다녔다.

그러나 이렇게 적막한 죽음을 맞는 경우보단 유족들이 외면하는 고독사가 훨씬 더 많다. 가족이어도 서로의 안부를 거의 묻지 않고, 서로가 어떻게 사는지 관심을 기울이지 않는 일이 비일비재하다. 나는 그것이 비정하게 느껴진다.

어느 쪽방촌의 여인숙에서 돌아가신 노인이 있었다. 바깥에 볼일을 보러 갔다가 오는 길에서 쓰러지셨다고 한다. 이웃들이 부축해서 여인숙 1층까지 왔는데, 상태가 안 좋아지니 119를 불렀다. 그는 병원에 가셔서 돌아가셨다.

그런데 유족을 부르니 가족이 아무도 안 온다고 해서 화가 났다. 평소에 이웃에게 잘하고, 정도 많았고, 삶에 대한 애착이 컸다고 주위 사람들이 입을 모아 말하던데…. 그렇게 열심히 살고 싶어 하던 분인데, 구청에 물어보니 가족들은 이미 시신 포기 각서를 썼다는 것이었다. 내가 그분의 시신을 수습해 무연고 납골함에 모셔드리고 왔는데 속이 무척 상했다.

쪽방촌에 가는 일도 마음이 아프다. 거기는 일단 사람이 살 수 있는 여건이 안 된다. 여름에 가면 너무 덥고, 겨울에 가면 춥다. 자립이라도 할 수 있는 여건이 되면 좋을 텐데 그런 게 너무나 안 되어 있으니까 사람들의 의지를 꺾는 경우도 많을 것이다. 크고 살기 좋은 집에서는 무연고 고독사가 생기는 일이 거의 없다. 꼭 이런 집에서만 그런 죽음이 발생하는 것도 놀랍지 않다.

언젠가 반지하 방에서 돌아가신 시신을 모셔와서 염을 하고 있는데, 그분의 딸이 병원을 찾아왔다. 딸은 자기 아버지가 그렇게 살고 계신지를 전혀 몰랐다. 얼마나 오랫동안 연락이 끊겼는지는 묻지 않았다. 딸은 그저 충격을 받은 듯 아무런 말도 하지 않았다.

그래도 죽은 지 며칠 되지 않아서 시신을 발견한 건 다행스러운 일이었다. 매일 보여야 할 사람이 한 사흘 정도 안 보이니까 집주인 할머니가 밖에서 부르다가 그의 죽음을 발견한 것이었다. 할머니는 최소한 같이 살아가는 이웃에게 관심이 있었던 것이다.

그저 그 정도라도 좋았을 텐데. 딸이 아버지에게 조금만 더 관심을 가져주고 대화를 나누긴 힘들었을까…. 그러질 못해서 어디 의논할 데도 없고 의지할 데도 없이 혼자 그렇게 가버렸던 게 아닐까. 그 가정에는 무슨 사연이 있었을까.

화장장에서 시신을 모시고 돌아온 뒤, 나는 봉사단의 후배 두 사람, 그리고 유족인 딸과 함께 그분이 살던 반지하 방에 갔다. 고인의 유족이라고는 딸 혼자밖에 없어 우리가 도와드린 것이다. 방에 나뒹굴던 수십 개의 소주병과 바닥에 쌓여 있던 십 원짜리, 백 원짜리 동전들을 치우며 딸은 눈물을 흘리기 시작했다. 눈물을 흘리면서 열심히 방을 치웠다. 우리는 그저 말없이 그이가 방을 치우는 걸 도와드리고 왔을 뿐이었다.

8장

이 땅 위에 연고가 없는 사람은 없다 2

이 땅 위에 연고가 없는 사람은 없다. 연고는 다 있다. 문제는, 고인이 살아 있을 때 무언가를 잘못했다든지, 집안 사정이 안 좋은 상태에서 가족 단절이 되어버리는 경우다.

가정이 좋은 상태에서는 누구도 무연고가 될 수가 없다. 어떻게든 서로의 안부를 확인하고 관심을 주고받는다. 연고가 없다는 건 무슨 사연이 있든 그들 구성원의 관계가 안 좋은 상태라는 것을 보여준다.

어떤 이유로든 무연고로 죽은 사람들은 살아 있을 때부터 '잊힌' 사람들이다. 투명인간처럼 주위의 누구에게서도 최소한의 관심조차 받지 못했던 사람들이다. 이유가 중요한 것이 아니다. 그들이 혼자 외롭게 남겨져 있었다는 것이 중요하다.

나는 그분들이 가족들한테는 잊혔더라도, 사회는 그들을 안 잊어버렸으면 좋겠다. 설령 그 사람이 가족한테는 버림을 받았더라도, 혹여나 그의 가족들은 모두 하늘나라로 떠났더라도, 지금 그의 옆에 있는 사람들은 그 사람을 혼자 내

버려두지 말고 관심을 가져드렸으면 좋겠다.

우리나라도 이젠 내 한 몸 건사하기 위해 앞뒤 안 가리고 나와 내 가족만 챙기던 시절이 아니다. 그런 시절은 이미 오래전에 끝이 났다. 우리는 넓게 봐선 다 같은 이웃이고 핏줄이다. 내 주위의 외롭거나 힘겨운 타인을 외면하지 않고 지켜봐 드리는 일은 분명 우릴 더 나은 세상에서 살게 만들어줄 것이다.

가족이 아닌데도 누군가를 가족처럼 챙긴다는 것은 쉽지 않다. 그렇지만 우리 모두 가족이 있는 사람이라면, 자기 가족에 대한 애정과 성실을 바탕으로 자신의 사랑을 이웃과 나누는 일도 가능하지 않을까.

정말 작은 것이지만, 언젠가 내가 아내에게 조금 감동한 일이 있었다. 몇 년 전 복지시설에 있던 두 초등학생의 아버지가 돌아가셨던 일이 있었다. 아버지는 무슨 문제가 있었는지 자기 아이들을 직접 키우지 못하고 시설에 맡겨둔 채 사망했다. 다른 친척들은 아무도 없었고 오로지 두 아이만 유족으로 장례식장에 왔다.

시설에 있는 남자 선생님이 둘을 장례식장으로 데리고 왔는데, 그 아이들의 운동화에 구멍이 크게 나 있던 것이 제일 먼저 내 눈에 들어왔다. 장례를 챙기면서도 그게 계속 눈에 밟혔다. 둘에게 신발 사이즈를 물어본 뒤 아내에게 전화를 걸었다. 사정을 설명하고 그 애들 신을 신발을 두 켤레만 사다 달라고 부탁했다.

그랬는데 아내가 '나이키' 운동화를 사 온 게 아닌가. 옛날부터 우리 아이들은 절대 브랜드 있는 운동화를 사주지 않았더라도, 그럴 형편도 못 됐을지라도, 아내가 그 아이들에게 선뜻 나이키 신발을 사주는 걸 보고 조금 놀랐다. 나중에 아내에게 물어보니 "내가 당신 마음 잘 아니까."라는 답이 돌아왔다.

그게 내 기억 속에 오래 남아 있었다. 아이들을 위해서 뭘 더 해줄 수 있는 여유는 없었지만, 우리가 할 수 있는 건 그저 나이키 신발을 사주는 것 정도일 뿐일지도 모르겠다는 생각을 했다. 아내의 그런 마음이 고맙고 자랑스러웠다.

또 오래전의 일이다. 어머니가 암으로 곧 임종할 것 같으니 이후 일을 도와달라고, 딸이 내 연락처를 구해 전화가 왔던 일이 있다. 내가 병원에 도착했을 때는 아직 돌아가시지 않아 그 어머니의 임종을 같이 보았다. 임종을 함께 지키는 일은 아주 드문데, 그날은 달랐다.

환자는 모르핀을 많이 맞아 통증을 느끼진 않았다. 그저 자신이 곧 죽는다는 것을 알고 있을 뿐이었다. 내가 병원에 따로 마련된 임종실에 가자 어머니는 딸의 손을 붙잡고 눈물을 흘리고 있었고, 아들은 벽 가까이에서 자신의 어머니를 바라보고 있었다. 딸이 대학교 1학년이고, 아들은 고등학교 2학년이었던 걸로 기억한다.

그렇게 어머니가 운명하신 뒤 화장장에 갔는데, 딸의 대학 친구들이 화장장으로 문상을 왔다. 빈소를 차릴 형편도 안 되는 아이들이었으니 먹을 것도 없고 아무것도 없었다. 나와 봉사단 후배들은 그들에게 밥을 사서 먹이고, 화장한 뒤 납골당에 가선 한쪽 자리에 소주와 명태포와 과일을 간소하게 펼쳐놓고 절을 시켰다. 그 일을 다 마치고는 대구역 근방의 작은 맨션에 사는 딸과 아들을 집에까지 데려다주었다. 그리고 담당 공무원에게 전화해서 그 아이들을 잘 돌봐달라고 이야기를 하고는 잊어버렸다.

나는 보통 봉사를 한 뒤 인연을 완전히 끊는다. 유족들의 전화번호도 적질 않는다. 연락을 주고받을 일이 있겠다 싶은 번호만 저장해두고 말 뿐이다. 그렇게 몇 년이 지난 어느 날 문득 그 아이들이 어떻게 지내고 있을지 갑자기 너무도 궁금해졌다. 마침 내게는 딸의 번호가 남아 있었다.

그래서 전화를 해보니 딸의 번호는 그대로였다. 자신은

졸업한 뒤에 부산에서 취직했고, 동생은 군대에 갔다고 이야기를 해주었다. 그땐 참 고마웠는데 인사도 따로 못 했다고, 이렇게 전화를 주셔서 감사하다는 목소리가 들려왔다.

나는 말했다. 잘 지내고 있어 참 다행이라고. 이젠 내가 전화할 일도 없을 거고 전화번호도 지워버리겠다고. 너도 그러라고. 우리 인연은 여기까지라고. 동생과 함께 잘 지내주어서 정말 고맙다고. 앞으로도 항상 행복하길 바라겠다고.

전화를 끊고서야 생각이 났다. 나도 꼭 그 아이들을 닮은 남매를 키웠다는 것을. 그 딸과 아들이 좀 더 어리던 때의 내 자식들과 꼭 같은 모습이었던 것을. 그리고 내가 암에 걸렸을 때 아이들이 슬퍼하고 내 곁을 지켜주던 게 생각났다. 그러다 보니까 마치 내 자식들이 생각나듯 '아, 그놈들 어떻게 잘 있는가'라는 궁금증으로 연결된 건 아니었을까. 아내에게 이 이야기를 들려주니 고개를 가만히 끄덕였다.

코로나 사망자들을 보내드릴 때도 비슷한 생각을 한 적이 있다. 지난해 3월 대구 한사랑요양병원에서도 코로나 집단감염이 발생했고, 병원이 완전히 차단되며 전국의 매스컴에 오르내리던 때가 있었다. 나는 그 병원의 코로나 시신을 수습하러 자주 들락거렸다.

바로 그때 방호복을 입은 병원의 간호사들을 보면서 정

말로 감동하지 않을 수 없었다. 나는 그저 돌아가신 분을 잠깐 수습하러 간 것이지만, 이 병원의 간호사들은 거동이 불편한 환자들에게 일일이 밥을 떠먹여 드리고 가래를 긁어내며 성심껏 돌보는 것을 보았기 때문이다.

나도 그렇고, 다들 코로나에 대한 두려움에 떨면서 확진자나 확진 의심자를 멀리하고 있던 때에, 그런 것은 중요하지 않다는 듯 환자 한 사람 한 사람에게 달라붙어 보살피는 그분들의 정성은 나를 놀라게 만들었다. 한참을 거기 멈춰서서 그들을 바라보다 나왔다. 그것은 마치 자기 피붙이에게나 보여줄 수 있는 정성이었다.

그들의 용기와 헌신을 가능하게 한 건 무엇이었을까. 자신이 그러한 사랑을 받아보거나, 그런 보살핌을 눈으로 본 적이 있거나, 그 사랑과 돌봄의 가치가 무엇인지 아니까 그들은 환자를 마치 자기 가족처럼 보살필 수 있던 건 아니었을까. 그래서 진짜 가족도 못 하는 것을 해줄 수 있는 건 아니었을까. 나의 가족을 챙긴다는 마음으로 더 많은 타인을 보살필 수 있는 건 아니었을까.

그 간호사분들처럼 영웅적이진 않더라도, 우리가 할 수 있는 작은 실천들이 있을 것이다. 우리 주위의 외로운 이웃에게 조금 더 관심을 가지고, 그들에게 우리가 할 수 있는 만큼의 작은 애정을 나누는 일은 가능하지 않을까?

가족한테 버림을 받고, 이웃에게 버림을 받고, 그래서 돌아가신 뒤에 몇 달 있다가 발견되고…. 그런 분들이 우리 사회에 점점 더 많아지고 있다. 올해 한 해에만 고독사로 생을 마감한 무연고 사망자가 삼천 명이 넘을 거라는 소식도 들린다. 지금도 하루에 몇 명씩은 곁에 아무도 없이 쓸쓸하게 숨을 거두고 있는 것이다.

제발 내 곁에 살아가는 이들이 아직 살아 있을 때 관심을 가졌으면 좋겠다. 그분이 어떻게 살아왔든 간에 말이다. 중요한 것은 과거 그에게 무슨 사연이 있었는가가 아니다. 그가 가족과 단절되었다 해도, 그게 그가 우리들과 단절되어도 괜찮다는 이유는 되지 못한다. 그를 홀로 내팽개쳐두지 않는 것은 가족의 의무가 아니라 우리의 의무다.

9장

사람이
혼자 살 수 없는
동물이라면

불과 몇 년 전에 '시신 장사'라는 말이 언론에서 떠들썩했던 게 기억나는가. 장례업자들이 소방차나 경찰차의 무전을 따서 사망 현장을 쫓아다닌다는 기사였다. 죽음의 현장엔 이런 어이없는 일이 비일비재했다.

어느 집에서 변사 사건이 났다고 상상해보라. 그러면 전쟁도 그런 전쟁이 없다. 우리가 차 사고가 나면 제일 먼저 달려오는 것이 견인차다. 사고 차량을 자기네가 접수하기 위해 도로 위를 날아다니듯 현장으로 향하는데, 이쪽도 다를 바가 없었다. 가장 먼저 도착하는 장례 운구차가 시신을 차지할 수 있던 것이다.

집에서 변사 사건이 발생하면 제일 먼저 소방서에서 나온다. 혹여나 살아 계실지도 모르니까. 사람이 숨을 안 쉬는 게 확인되면 그때 소방서에서 112에 전화를 한다. 그러면 경찰들이 와서 검안의를 부르고, 타살 징후가 있나 확인하며 사망 시간을 추정한다. 그리고 1차로 현장 보존 작업을 마친 뒤 시신을 옮긴다. 이제 그 작업을 마친 시신을 위해서 장례업자들이 불나방처럼 달려드는 것이다.

구청은 시신을 옮길 때까지 그 사실을 모르는 경우도 많다. 심지어는 뒤늦게 도착한 유족들도 모르는 경우가 허다했다. 예전엔 유족이 도착하기도 전에 시신을 먼저 빼돌려서 자기 장례식장에 옮겨두는 게 그리 억지스러운 일이 아니었다. 경찰들도 먼저 도착한 운구 업자에게 시신을 가져가라 했다.

그때는 전반적인 분위기가 그랬다. 죽음을 돈으로 보는 노골적인 분위기가 팽배했고, 법과 제도가 그것을 제어하지 못했다. 당장 가족도 없이 홀로 돌아가신 분이 무연고가 될지 안 될지는 모르지만, 그에게 가족이 있다면 장례를 치를 수가 있다. 그러면 시신을 가져간 식장에서 빈소 사용료니 뭐니로 돈을 벌 수가 있으니 말이다.

죽은 사람의 가족이 없을 수도 있고, 가족이 있어도 시신을 포기하고 장례를 치르지 않을 수도 있다. 그때는 장례 보조비가 안 나오거나 나오더라도 아주 소액이던 시절이라 수지타산이 맞을 턱이 없다. 그럴 땐 재수가 없다고 생각하며 그제야 무연고 시신으로 등록해 구청에 넘기거나, 아예 염습도 하지 않고 치워버리듯 화장하는 일도 많았다.

그런 분위기가 달라진 지 몇 년이 안 된다. 요즘은 그럴 수 없다. 다들 똑똑해져서 그랬다간 큰일 난다. 요즘에는 유족이 올 때까지 시신을 그대로 놓아둬야 하고, 경찰들은 자기 구역의 장례식장에 순번을 매겨서 시신 수습 요청을 한다. 그러면 그 연락을 받고 장례식장에서 와서 시신을 수습해 가는 것이다.

사람은 혼자 살 수 없는 존재라고들 하지만, 막상 가난한 사람이 죽으면 인간의 연고라는 게 얼마나 돈에 취약한지를 절감할 수밖에 없다. 연고자가 없으면 돈이 안 되니까, 장례업자들은 유족이 없는 시신을 굳이 떠맡을 이유가 없다. 장례업자들에게는 유족이 돈으로 보일 수밖에 없다. 즉, 그들에게 연고는 돈이다.

그렇게 죽은 사람이 돈이 되지 않아서 장례식장에서 모시는 것을 거부할 때 보통 우리가 일을 맡는다. 가족이 없다고 표시가 된 사람, 주민센터에 무연고로 등록되어 있는 사람, 종합병원에서 돌아가신 연고가 없는 분들…. 그런 분들의 장례를 치러드려야 할 때 자주 구청을 통해서 내게 연락이 온다.

그렇지만 유족이 있는데도 장례 치르는 것을 거부하는

사람은 얼마든지 많다. 나는 돈 때문이 아니라 가족은 죽은 이의 마지막을 지켜드렸으면 하는 바람으로 그분들께서 장례에 꼭 오기를 바란다. 돈과는 아무 상관 없이, 죽은 분을 떠나보내는 마지막 그 순간에 망자(亡者)의 연고자가 함께할 수 있기를 바란다.

유족이 안 오고 싶어 하는 건 돈 때문일 때가 많다. 장례를 치르면 5백만 원에서 6백만 원은 기본이고, 서울 같은 곳에서는 1천만 원도 훨씬 넘게 드니까 그럴 수 있다. 그러면 나는 구청 담당자에게 말한다. 유족분에게 내 전화번호를 꼭 일러달라고. 내가 유족에게 꼭 하고 싶은 이야기가 있다고.

그래서 나한테 전화가 오면 나는 이야기를 한다. 지금 이 통화를 꼭 녹음하시라고. 내가 나중에 당신에게 10원이라도 달라고 하면 당신 나 고발하라고. 내가 장례를 치러드릴 거고, 돈을 달라고 안 할 테니까 꼭 오시라고. "그래도 가족이고 핏줄인데, 아무리 고인과 관계가 안 좋더라도 마지막 가시는 길을 배웅해주시면 안 좋겠습니까? 오세요." 이렇게 말한다.

그렇게 이야기를 하면 열 명 중에 대여섯 명은 온다. 나는 그분들께 고인을 너무 미워하지 말라고 말한다. 고인은 돌아가셔서 아무것도 모른다고. 불에 들어가도 모르는 시체를 가지고 당신이 미워하면 당신 혼자 스트레스를 받는다고. 돌아간 사람은 당신이 미워하는지도 모른다고. 그리고 염습해서 화장장과 납골당에 함께 간다.

내가 그분들에게 묻지 않더라도, 그분들이 먼저 말씀하시는 사연을 참 많이 들었다. "저게 내 부모입니까? 개○○입니다."라는 말을 얼마나 많이 들었는지…. 화장하는 것까진 같이 지켜보지만 유골을 버리려는 사람도 많다. 나는 사람의 마음이 어떻게 변할지 모르니 납골을 해드리는 걸 권해드린다. 시립납골당은 비용도 아주 저렴하니 한 10년 정도만 납골을 해두고 정리를 하라, 라고 이야기를 하면 거의 다 동의하시긴 한다. 그렇게 나는 내 나름으로 유족들의 응어리를 풀어드리려 노력하는데 내가 얼마나 그런 역할을 잘했는지는 모르겠다.

가족제도가 해체되고 점점 더 사회가 개인화되는 흐름을 누가 막을 수 있으랴. 그런 흐름 속에서는, 가족과 핏줄을 뛰어넘은 사회의 유대감, 모든 사람의 죽음을 인간답게 모실 수 있는 시스템이 중요할 것이다. 시신을 돈으로 보고, 연고를 돈으로 보는 사람들이 날뛰는 세상 속에서 나는 오래전부터 그런 생각을 해왔다.

어느 경제학 박사가 그런 말을 한 적이 있다. 장사를 하면 제일 나쁜 게 뭘 하든 돈부터 생각하는 것이라고. 나도 평생 사업을 해보아서 그 마음을 잘 안다. 10개를 생각했다가 9개가 들어오면 감정이 상해버리는 그 심정을 안다. 그래서 악착같이 돈을 벌려는 장례업체들을 무조건 비난하고 싶진 않다.

그렇지만 힘들고 고독하게 산 사람이 죽어서도 고독한 것은 마음이 너무 아프다. 그들에게는 연고도 돈으로 환원돼 버린다. 누군가가 죽을 때 가진 게 있든 없든, 자기 가족에게 어떤 잘못을 했든 말든 간에, 적어도 돈이 안 되니까 외면을 받는 죽음은 없었으면 좋겠다는 바람은 언제나 변함없다.

사람이 혼자 살 수 없는 동물이라는 말은, 사람이 혼자 죽어서는 안 된다는 말과 동의어일 것이다. 나는 시신이 장사가 되는 세상에서 살고 싶지 않고, 그런 세상에서 죽고 싶지 않다.

10장

삶과 죽음은
하나의 선으로
연결되어 있다

누군가가 태어나는 일, '생(生)'을 향해서는 모두가 축복을 한다. 반면 생을 마감하는 '졸(卒)'에 대해선 아무도 입에 올리고 싶어 하지 않는다. 아니, 생각조차 하고 싶어 하지 않는다. 태어나면 죽는다는 것은 하나의 이치인데도, 우리는 항시 생과 졸을 철저하게 끊어놓는다.

인간이 태어나 잘 커서 나이가 들고 죽음을 맞이하는 건 자연의 이치인데, 그걸 한 선상에서 같이 보는 게 아니라 죽음 앞에서 딱 끊어둔다. 우리는 죽음을 안 좋은 것, 피해야 할 것, 마치 하나의 금기처럼 생각하고 있다. 그것을 영영 피할 수 있을 것처럼.

우리가 생과 졸을 한 선에서 붙여 생각할 수 있을까. 한 선에 붙여놓을 수 있다면, 죽음은 지금보다 훨씬 더 편해질 것이다. 죽음이 편해진다는 건, 결국 언젠가 그것을 맞이해야 할 산 사람의 마음이 편할 것이라는 말과도 같다. 우리가 죽음에 대해서 조금은 다르게 받아들이는 일이 가능할까?

우리나라는 삶과 죽음을 끊어놓는 정서가 다른 나라보다 훨씬 더한 것 같다. 외국은 삶과 죽음을 한 선에서 같이 본다. 외국의 장례와 죽음을 보면, 우리보다 사회·문화적으로 죽음을 훨씬 더 편하게 받아들인다.

예컨대 화장장이나 납골당이 시내 한가운데에 있는 일본은 어떤가. 주요 도시의 한복판에 공동묘지가 조성된 미국은 어떤가. '생'과 '졸'을 자연스럽게 이어주는 그들의 문화는 한순간에 생겨난 것이 아니고, 우리는 여태껏 그 문화를 만들지 못했다. 그러니 자기 동네에 장례식장이나 납골당이 지어지면 난리도 그 난리가 없는 형태가 되어버린 것이다.

죽음을 천대하고 외면하는 역사는 짧은 것이 아니다. 옛날부터 우리 조상은 삶과 죽음을 저 멀리 끊어놨다. 자기 조상네들 산소를 산꼭대기 구석에 만들어두고 귀신이 나온다면서 멀리했다. 거기다 옛날엔 염을 백정들이 했다. 죽음을 다루는 업은 사회에서 가장 천한 직업이었던 것이다.

그래도 그때는 장례를 마을 공동체의 잔치처럼 보는 정도는 됐다. 공동체 문화가 사라진 지금은 그렇지도 않다. 장례업자들이 일반 사람들에게 죽음을 자꾸 두렵게 만들었던 농간도 한몫했다. 두려워하고 외면할수록 그것을 통한 돈벌이가 더 쉽게 가능하기 때문이다. 즉, 멀리하고 천하게 생각하며 달라는 대로 돈을 다 주는 분위기가 형성되어버린 것이다.

태어났을 때는 축복하고 죽음은 거리끼며 피하려는 것, 그건 물론 자연스러운 일이다. 그렇지만 죽음과 관련된 것을 혐오 시설로 만들어버리고 죽음을 터부시해버리는 건 문제다. 죽음과 장례에 대해서 말을 꺼내는 것조차 막아버리는 분위기 말이다.

내 친구들 중에서도 화장장에 대한 거부감을 표현하는 이가 있다. 화장장 뉴스만 들리면 돈 얘기를 꺼내거나 자기가 사는 곳엔 절대 저런 게 지어지면 안 된다고 한다. 그럼 난 아무리 친한 사이라도 큰소리를 치면서 그를 꾸짖는다. "너는 죽으면 화장장에 안 가나? 너는 천년만년 살 것 같나? 모두 죽으면 거기 가는데, 너는 죽으면 어디 가려고 하나?" 그렇게 욕을 하곤 했다.

화장장이나 납골당도 어느 자리에는 가야 할 것 아닌가? 어떤 이유를 대든 간에 내가 사는 곳엔 '무조건' 오지 말라고 하는 게 가장 나쁜 것이다. 특히 기탄없는 타협과 대화가 필요한 이런 문제에서 지역의 정치인들이 무조건적인 반대를 선동하는 건 정말 큰 문제다.

어느 지역에 새롭게 화장장이 들어서는 건 잘 따져볼 여지라도 있을 거다. 그런데 신축 아파트가 들어서기 한참 전에 들어서 있던 화장장을 옮기라는 주민들의 요구를 볼 때마다 나는 기가 찬다. 화장장이 있는 걸 알고 아파트를 지었는데, 도대체 왜 그 소리를 하는 것인가? 알고 들어온 것 아닌가? 더욱이 화장장 건립이 옳다고 대법원 판결까지 난 사안에 대해서까지 반대 시위를 계속하는 사람들을 볼 때마다 나는 내가 법치국가에 사는 게 맞는지 의심하게 된다.

우리 화장장의 기술은 정말로 높은 수준을 자랑한다. 한국의 소각시설 대기오염물질 배출 기준은 독일보다 더 엄격한 것을 알고 있는가. 옛날과 다르게 지금은 연기와 냄새 같은 것도 일절 없고, 일상에 끼치는 피해는 전혀 없다고 봐도 무방하다.

그런데도 인간의 '죽음'을 다루는 시설이라고 학을 떼는 사람들을 보면, 나는 할 말이 없어진다. 그런 면에서 세종시가 참 잘했다. 세종시를 계획해서 만들 때 제일 먼저 만든 게 화장장이고 납골당이며 장례식장이다. 그래야 말이 없으므로, 제일 먼저 시내에서 딱 만들어놓고 그 옆에 아파트를 지었다. 아예 혐오 시설이라고 말 나올 구석을 없애버린 것이다.

죽음을 삶과 떨어뜨려 놓고 생각하는 이 문화를 없애야 한다. 언젠간 나의 부모, 그리고 내가 가야 할 자리이다. 옛날에 우리 조상들이 딱 끊어놓은 생졸(生卒)이지만, 이제부터라도 붙이면 된다. 나는 그 둘이 같이 가야 모두가 편해질 것이라고 확신한다.

그리고 다시 고독사의 문제에 관하여 말하자면, 누군가가 고독하게 죽었다고 호들갑을 떨지 말라. 몇 달 지난 뒤 발견되었다고 거기 카메라를 들이대지도 말라. 살아 있었을 때부터 관심도 못 받고 잊혀버린 사람이 고독하게 죽었다고 사회적으로 떠들썩하게 구는 것도 못마땅하다. 그것 또한 삶과 죽음을 뚝 떼어놓고 다른 선으로 바라보는 일이기 때문이다.

우린 그가 살아 있을 때 그를 잊지 않을 수 있었다. 우리는 그가 죽기 전에 그를 살릴 수 있었고, 홀로 저승으로 가지 않게 돌볼 수 있었다. 그런 의무를 내팽개친 채 고독사를 입으로 떠드는 우리 사회가 원망스럽다.

11장

죽음을 끈으로
묶는다는 것은

그래서 나는 염습 중에서도 염의 절차를 할 때면 생각이 많아진다. '습(襲)'이란 우리가 시신을 닦고 옷을 입히는 데까지를 가리킨다. 그다음에 해야 할 것이 '염(殮)'이다. '염'은 요즘 그 절차가 많이 간소화되었지만, 그래도 우리의 죽음에 대한 의식을 알 수 있는 점에서 중요하다고 생각된다.

'염'이란 '습'의 과정 이후 시신을 옷과 홑이불로 싸서 묶고, 관에 넣어서 이동하고 매장하는 과정 전체를 말한다. '습'을 거친 시신을 염포(殮佈)로 묶은 후 입관하는 절차인 것이다. 물론 '염'이 염습의 과정 전체를 총칭하는 개념으로 쓰이기도 하지만, 엄밀히 따졌을 때 염은 '소렴(小殮)'과 '대렴(大殮)'이라 해서 두 개의 절차를 가리킨다.

이중에서 '소렴'은 시신을 끈과 베와 홑이불로 단단히 싸서 묶는 것이다. 시신을 관에 넣었을 때 흐트러지지 않도록 잘 갈무리하는 일이 소렴이다. '대렴'은 그 시신을 관에 넣은 후에 관과 바깥 지지대에 더 단단히 고정시키는 것을 뜻한다.

소렴은 지금도 내가 모든 시신에게 해주는 일이다. 두 다리와 발끝, 상체의 팔 양쪽을 다섯 매(끈)로 시신을 묶는다. 고인의 마지막을 본 분들이라면 사지가 단단히 고정된 시신을 볼 수 있었을 것이다. 그러면 그 소렴한 시신을 다시 큰 삼베로 싼 다음 매로 단단히 묶어서 입관하는 것이 대렴의 절차다.

우리는 왜 시신을 묶을까? 소렴의 과정에서 시신을 묶는 이유는, 앞서 말했듯 우리가 죽음을 터부시하기 때문이다. 옛사람들은 죽음을 우리의 곁에 가까이해선 안 될 흉한 관념으로 보았다. 그런 관점에서는 죽은 사람은 귀신이 되고, 귀신은 산 사람에게 오지 말아야 한다. 그래서 죽은 이의 혼백이 나오지 못하게 매로 묶었던 것이다.

지금도 어른들이 '꿈자리가 뒤숭숭하니 조심하라'는 말을 한다. "너희 죽은 가족이 보이더라."라면서 죽은 혼백이 보여 불길하다는 식으로 말한다. 이처럼 죽음 자체를 산 자들로부터 끊어놓고 금기시하니, 죽은 이를 묻은 장소도 생활터전과 가까우면 안 된다. 우리네 매장의 풍습은 죽은 사람을 귀신으로 보고 저기 남의 동네 꼭대기 산속에 처박아두는 것과 다르지 않았던 것이다. 그러면서도 자기들의 복을 빌

땐 조상들을 찾는 것도 웃기는 일이었다.

대렴도 시대착오적인 성격이 있는 건 마찬가지다. 옛날에는 운구 수단이 지게밖에 없었다. 지게에 올리면 시신이 처진다. 그때는 시신을 넓은 염포로 싸서 매로 묶으면 지게에 딱 고정시킬 수 있었다. 즉, 대렴은 지게에 얹어서 운구를 하기 위한 과정을 가리켰다. 지금은 차도 있고 운구 수단이 좋으니 대렴을 할 필요는 없다.

요즘은 소렴까지 안 하는 경우도 있다. 종교적으로 소렴을 거절하는 일이 제일 많다. 기독교에서는 부활이라는 개념이 있어서, 돌아가시면 부활을 하니 묶지 말라고 한다. 상주의 뜻이 그렇다면 그게 문제가 될 이유는 전혀 없다.

나는 기본적으로 소렴과 대렴은 과거에 혼백을 묶어두고 먼 산소에 매장하던 시대의 유산이라고 생각한다. 현대의 눈에 비춰봤을 때 반드시 그렇게 해야 할 필요가 없는 관습이라는 뜻이다.

시대와 어울리지 않는다고 해서 당장에 없어져야 한다는 말은 아니다. 소렴과 대렴도 마찬가지고, 상여도 마찬가지다. 다 우리의 전통이니 간직하면 좋은 것들이다. 예컨대 상여를 만드는 사람들과 상엿소리를 하는 사람들은 무형문화

재로 지정되어 우리의 전통문화를 지키는 데 일조하고 있다.

나도 1년에 한두 차례는 산속에 있는 산소까지 상여를 이용해 관을 운구하는 유족들과 함께할 일이 있다. 상여를 이용하면 확실히 높은 산으로 관을 옮길 때 편안한 측면이 있고, 상여꾼들이 부르는 노래에는 죽은 이들을 향한 슬픔과 추모의 정이 절절하다.

다만 요즘은 그럴 일이 거의 없고 다들 화장을 하니까, 소렴이나 대렴을 불변의 정답 같은 것으로 생각할 필요는 없다는 뜻이다. 우리 전통에선 관에 시신을 입관한 뒤 고인이 평소에 입던 옷을 채워 넣기도 했는데, 그건 상여가 올라갈 때 관 안의 시신이 흔들리니 완충재 역할을 해주는 것이었다. 지금처럼 관을 화장장으로 옮길 땐 그런 관습도 큰 의미는 없는 것이다.

『춘추좌전』에는 "시신에 수의를 입히는 것을 소렴이라 하고, 시신의 입관을 대렴이라 한다."라는 글귀가 있다. 전통적으로는 이렇듯 아주 간략하게 정의되었던 염습이라는 절차가 시대를 거치면서 점점 더 복잡해지고 엄격해졌다.

과거에는 소렴과 대렴을 하지 않으면 죽은 사람에게 무례하다는 식으로 바라보기도 했을 것이다. 하지만 그때보다 더 과거에는 그러한 예절 자체가 존재하지 않았다. 시신을 꽁꽁 싸맨다는 개념은 그저 시간이 흐르면서 자연스레 정착되었고, 그것은 죽음을 금기처럼 바라보았던 과거의 죽음관을 일정 부분 투영하고 있는 관습임을 알아두는 게 옳다.

관습과 예의는 언제나 시대에 따라 바뀌는 것이다. 앞으로도 오랫동안 우리는 죽은 몸을 소렴과 대렴이라고 하는 절차에 따라 모시겠지만, 죽음을 끈으로 묶지 않아도 우린 시신에 충분한 예를 다할 수 있다. 어쩌면 죽음을 끈으로 꽁꽁 묶지 않았을 때, 우리가 죽음이 일러주는 바에 더 가까이 다가갈 수 있을지도 모르는 노릇이다.

12장

무엇을 입고
죽을 것인가

이 일을 시작한 후 나를 강의에 불러주는 학교와 기관이 몇 군데 있었는데, 대부분은 수의(壽衣)와 관련된 강의였다. 그때 사람들에게 수의에 관해서 많은 이야기를 해드렸다. 내가 공부하고 직접 겪은 선에서 말이다.

앞서 말했듯 시신을 닦고 옷을 입히는 데까지를 '습'이라고 이른다. 지금은 습을 할 때 수의를 입히는데, 사람들이 수의에 대해 가장 익숙한 것은 삼베옷이다. 그렇지만 수의로 삼베옷을 입힌 것에 대해선 장례업체들이 '없는 전통'을 만들었던 것의 대표격이라고 할 만하다.

그리고 이 수의에 관해 말할 때 나는 장례업체에 대한 비판을 가장 많이 하곤 했다. 수의를 통해서 산 사람들의 돈을 뜯어낼 수 있으니까. 지금도 장례를 업으로 하는 사람들이 수십 종류의 수의를 늘어놓고 많은 돈을 버는데, 한마디로 말해서 거기에는 어떠한 전통적 근거도 없다.

옛날 우리의 전통문화를 따른다면, 지금처럼 수의로 삼

베옷을 입혔던 적이 없었다. 조선조 후기인 1890년대와 일제시대를 거친 후부터 삼베로 수의를 만들어 입히기 시작했다. 삼베는 본래 죄수들의 옷이었다. 과거엔 삼베옷이 가장 누추한 옷의 상징이기도 했고, 동시에 삼베가 습기를 많이 빨아들이는 재질이기도 했기 때문이다.

지금 우리가 죽은 이에게 입히는 수의는 '목숨 수'(壽)에 '옷 의'(衣)를 써서 수의라 칭한다. 죄수에게 입히는 수의는 '가둘 수'(囚)에 '옷 의'(衣)를 쓴다. 우리는 부모님이 돌아가시면 자식이 죄인이라고 하지 않았나. 그렇게 상주(喪主)인 자식들이 입던 삼베가 일제시대를 거치면서 '시신의 수의로도 죄수의 옷을 입혀야 한다'는 식으로 이상하게 정착되었다. 옛날 죄수들의 옷이 유족들을 거쳐 자연스레 시신의 옷으로 넘어갔던 것이다.

그렇다면 그전에는 무엇으로 수의를 만들었나? 해외의 많은 문화권처럼, 우리도 수의를 따로 만들지 않았다. 살아계실 때 고인이 제일 좋아했던 옷, 고인의 정체성을 가장 잘 드러내는 옷이 곧 수의였다. 남자의 경우 관직에 있었으면 관복을 입혀드렸고, 여자의 경우엔 두루마기를 입혀드리고 족두리를 씌워드렸다. 사대부 집안에서는 성별을 불문하고 비단옷을 많이 입혀드렸다.

그러니 오래전 묘를 개장했을 때나 건설 현장 같은 곳에서 옛날 묘의 시신을 발견할 때, 거기서 지금처럼 삼베옷을 입고 나온 시신은 없다. 다 명주나 비단으로 된 평상복을 입고 나온다. 우리가 삼베 수의를 시신에 입힌 지가 얼마 되지 않는다는 게 실제로 나타나는 것이고, 이게 복식 연구가들의 하나같은 결론이다.

더욱이 요즘은 순수한 삼베로 수의를 만들려면 엄청나게 비싼 값을 치러야 한다. 삼베는 대마로 만든다. 마약의 일종인 대마초는 함부로 재배도 하지 못하고, 기계로는 작업할 수도 없다. 한 벌 한 벌 일일이 손으로 만들어야 하니 가격이 쌀 도리가 없다.

그래서 요즘의 삼베는 나일론 합성 섬유에 가깝다. 그런 삼베는 명주나 광목 같은 자연 소재가 아니어서 잘 썩지도 않는다. 땅에 묻힐 때는 영 적절치 못한 옷인 게 분명하다.

지금이라도 수의 문화가 바뀌면 좋겠다고 생각한다. 우리는 태어날 때 알몸으로 나왔지만 갈 때는 옷 한 벌 갖춰 입고 간다는 것이 수의를 입혀드리는 의의라고 할 수 있다. 그렇다면 돌아가신 고인이 평상시에 가장 좋아하고 즐겨 입었던 옷을 입고 가는 게 맞지 않을까? 내가 죽고 난 뒤에 살아생전 한 번도 입어보지 않은 옷을 입고 가는 것이 과연 맞을까?

강의에서 이런 이야기를 하면 수강생들이 듣고 하는 말씀이 있다. 선생님이 하는 말씀을 들으면 수의를 따로 안 입는 게 맞긴 하다. 그렇지만 120여 년간 이때까지 조상 대대로 수의 입히는 걸 봐왔다. 하나의 세대를 30년 정도라고 본다면 벌써 4대가 넘게 지난 것이다. 자신이 어릴 때부터 삼베옷이나 비단으로 만들어진 수의를 입히는 것을 봐왔는데 평상복을 입히라고 하니, 그걸 머리로는 이해가 가는데 가슴으로 받아들일 수 있겠느냐고 묻는다.

그러면 나도 고개를 끄덕끄덕한다. 무언(無言)의 관습을 깨기는 쉽지 않다. 누군가가 앞장서 시도를 하면 좋겠지만 그게 참 어려운 것이 현실이다.

우리는 무엇을 입고 죽을 것인가? 나는 죽을 때 어떤 옷을 입어도 상관없다고 생각한다. 나는 내가 가장 좋아하던 점퍼를 입혀 화장해달라고 죽기 전 가족들에게 말할 것이다. 그렇다고 꼭 평상복에 집착할 건 아니다. 상조나 식장에서 권하는 값비싼 수의에 얽매일 필요가 없다는 것만 명심하면 된다.

그리고 산 사람들이 죽은 이가 가장 좋아했던 옷을 입혀드린다는 의의만 잊지 않으면 아무 문제 없다. 꼭 고가의 좋은 옷이 아니더라도, 새 옷이 아니더라도, 산 사람들이 정성스럽게 마련해준 옷으로 단장한다면 내가 이 세상에서 뭘 입고 죽느냐는 건 중요한 것이 아니다. 마지막까지 그를 챙기려는 산 사람들의 정성스러운 마음이 소중할 뿐이다.

13장

우리는 누구나
아기의 얼굴로 죽는다

시신을 마주하고 섬뜩하지 않은 사람이 어디 있을까….

나도 그랬다. 나도 처음에는 영안실에서 홀로 시신과 남아 있는 게 무섭고 두려웠다. 그리고 슬펐다. 무서우면서도 슬펐다. 처음 몇 년간은 시신을 볼 때마다 주체할 수 없는 눈물이 흐르고는 했다. 무언가 알 수 없는 슬픔이 나를 울게 했다.

그러나 20년 가까이 그 일을 반복하다 보니, 나 역시도 타성에 젖지 않을 수가 없었다. 요즘은 시신을 보면 그저 '아, 가셨구나'라는 생각이 먼저 들곤 한다. 그리고 예전보단 마음이 많이 편안해졌다.

내가 다른 이들에게 아무리 생졸(生卒)은 연결되어 있고 졸을 터부시하지 말라고 하더라도, 죽음은 별수 없이 죽음이다. 어느 죽음이든, 죽음이 즐거울 수는 없다. 가급적 삶을 마감하는 것보단 연장하는 게 좋은 것이고, 죽음은 뒤로 늦출수록 더 좋은 것임을 부정할 수는 없다.

돌아가신 분들의 표정이 어떻더냐고 내게 묻는 사람들이 많다. 나는 답한다. 돌아가시면 아기일 적의 표정 그대로 돌아갈 뿐이다.

죽은 사람들이 찡그리고 있는 경우는 거의 없다. 죽음에 대한 금기와 두려움 같은 것을 내려놓고 시신의 얼굴을 보면, 돌아가신 분들의 얼굴은 참 평온하다. 내가 마지막을 돌봐드린 분들 중 그 어느 분도 숨이 끊어진 그 순간에는 인상을 쓰고 있지 않았다.

우리는 어떻게 찡그리는가. 안면에 힘을 주어야 찡그려지지 않나. 죽은 사람은 그렇지 않다. 근육이 다 이완되어 편안한 상태로 간다. 숨이 끊어지면 자신의 가장 편안한 얼굴로 돌아간다. 즉, 본인의 본모습으로 돌아간다는 말이다.

살아 있을 때는 누구나 짜증을 내고 이해타산을 따지며 생각할 일들이 많다. 이 풍진 세상에서 그건 별도리가 없다. 우리는 모두 아기 때의 얼굴로 돌아가서 죽는데, 왜 살아서는 태어난 그대로의 얼굴을 지키지 못하고 삶에 찌들어서 그렇게 찡그린 채 살아가는지 안타까울 때가 많다.

나는 누군가가 숨이 끊어진 뒤 짓게 되는 처음 얼굴, 평온한 얼굴이 참 좋다. 그래서 구태여 상조회사에서 하듯이 눈썹을 그리고 입술과 연지를 바르는 일을 좋아하지 않는다.

그 맑고 평온한 얼굴 그대로가, 고인의 현재 상태 그대로가 가장 보기 좋은데 굳이 왜 화장을 하고 꾸며드린단 말인가? 그래서 나는 고인의 얼굴을 깨끗이 닦아드리고, 크림과 로션 정도만 살짝 바르는 것에 그친다.

고인이 아기의 표정으로 돌아가신다는 건, 죽은 사람은 갓난아기처럼 아무것도 모른다는 말과도 같을 것이다. 내가 나쁜 짓을 많이 하고, 내 가족들의 속을 찢어놓고 죽었다? 나는 이제 죽어서 내가 그랬었는지도 모른다. 나는 살아 있는 사람들이 나를 지금 미워하는지도 모른다. 살아 있는 사람들만 속이 상하고 스트레스만 받는다.

죽은 사람은 산 사람들을 놔두고 가버린 것이다. 이제 나머지는 산 사람들이 떠맡을 수밖에 없는 일이다. 그건 꽤나 억울하고 답답한 일이다. 그래서 난 아무리 죽은 이를 향한 미움이 크더라도 돌아가시면 이삼 년만 생각하다가 놓아버리라고 말한다. 죽은 사람 미워하면 나만 스트레스를 받지, 상대는 모른다. 다시 깨어나도 모를 것이다.

아무리 아기처럼 죽은 얼굴이 보기 좋더라도, 그렇게 산 사람들의 마음에 생채기를 남기는 삶을 살지 말아야 할 텐데….

우리는 가끔 "아, 저 사람 얼굴이 참 편안하게 보인다." 라는 말을 하곤 한다. 그런 얼굴도 천진난만한 아이를 닮은 얼굴이다. 우리 주위에는 해맑은 아기와 같은 얼굴로 욕심을 부리지 않고 살아가는 사람들이 있다. 순수한 마음으로 봉사하는 사람, 남을 위하는 사람을 보면 거의 다 편한 얼굴을 하고 있다.

편안한 마음이 얼굴에 드러나는 사람처럼, 나도 착하게 살다가 죽길 바랄 뿐이다. 우리는 누구나 아기의 얼굴로 죽는다. 그러니 웬만하면 살아 있을 때도 아기처럼 편안하게 살아가는 것이 제일 좋을 것이다. 아무것도 모르지만, 내 눈 앞의 모든 사람을 믿으면서, 짜증도 긴장도 없이 그저 평온하게….

14장

죽은 뒤에 리무진을 타면 무엇 하나

고인의 마지막 육신을 정리해서 안치시키는 것은 고인을 위한 일이다. 염습의 절차를 시작으로, 그 시신을 운구차에 싣고, 화장이나 매장하는 곳을 따라가 장례를 전체적으로 봐주는 것이 고인을 위한 일의 기본이다. 그가 흙으로 돌아가기 전까지는 죽은 뒤에도 아직 그를 위해서 해줄 일이 남아 있는 것이다.

나는 아무에게도 돌봄을 받지 못했던 사람들이 죽은 뒤에도 이 사회의 짐이 되지 않기를 바라며 이 일을 하기 시작했다. 누구든 돌아가셨을 때 기본은 해드리자는 마음으로.

한데 이 일을 돈벌이로 삼은 장례업체들에는 거품이 참 많다. 방금 말한 기본만 하면 돈이 안 되니까 자꾸만 살을 붙인다. 이제는 관 속에 꽃밭을 만드는 일, '꽃염'까지 등장했다. 나는 관을 꽃으로 채우는 일이 고인에 대한 추모의 마음과 무슨 연관이 있는지 모르겠다.

요새는 외국에서 들어온 풍습으로 시신을 리무진에 태우는 게 유행이다. 도대체 죽고 난 뒤에 리무진 태워서 무엇을 하나? 나는 이렇게 말하고 싶다. 살아 계실 때 리무진을 태워드려라. 리무진이 없다면, 한 번이라도 더 좋은 곳에 모시고 가서 좋은 경치를 보고 맛있는 것을 먹고 대화를 나눠라.

우리나라에 '시신 운구에는 리무진'이라는 개념이 생긴 지가 얼마 되지도 않는다. 리무진으로 장례식장에서 화장장까지 가는 게 돈 몇십만 원은 기본이다. 꽃염과 마찬가지로 그 돈을 왜 써야 하는지 나로서는 도저히 이해할 수 없다.

옛날 영구차를 보면, 버스에 시신을 모시고 상주도 같이 타고 다 산소에 가고 그랬다. 영구차가 나오기 전에는 리어카로 운반하든지 지게차로 지고 가기도 했다. 옛날에는 사람들의 운송 수단이 자연스럽게 영구차가 된다는 인식이 있었다.

그것을 상조회사가 도맡으면서, 다른 회사보다 무언가 더 특이하고 눈에 띄게 하려고 자꾸만 '시신 운구엔 리무진' 같은 걸 만들고 있다. 산 자와는 다르게 시신만 특수하고 좋은 차에 타고 가야 한다는 개념 자체가 우리에게도 새로이 생긴 것이다.

개념이 생기는 건 좋은데, 그걸 하지 않으면 죽은 자에게 해야 할 도리를 다하지 못했다는 식으로 생각하게 만드는 건 문제다. 그런 인식은 진정한 추모의 마음과는 거리가 먼

것이며, 하나의 강제처럼 또다시 산 자들을 얽맬 뿐이다.

죽은 사람들을 통해 산 사람들의 마음에 위안을 얻거나, 산 사람의 위세를 과시하려는 역사도 오래됐다. 시신을 묻을 때 쓰는 관(棺)도 그렇다. 관은 계급사회의 상징적인 유산 중 하나이기 때문이다.

아주 오래전 석기시대에도 관이 있었다. 토관(土棺)이라고 해서 흙으로 빚은 항아리 모양의 관도 있었고, 돌을 쌓아 만든 석관(石棺)도 있었다. 그때는 지배 계층의 사람들이 자기들은 대다수의 일반 민중과 차이가 난다고 해서 관을 만들었다.

문제는 이런 식의 관을 지금까지도 무분별하게 쓰는 경우다. 뭔가 해야지 돈이 되니까, 지금도 그런 관을 권하는 업체들이 많다. 업자들이 좋다 그러니까 뜻도 없이 따라가는 경우도 정말 흔하다. 지금 이 시점에 토관이나 석관을 쓰면 뭐가 왜 좋은지 설명하고 이유를 말해줘야 하는데, 뭐든지 설명이 없는 경우가 많다.

요즘은 화장을 많이 하더라도, 매장을 고민하면서 내게 관을 물어오는 분들이 계신다. 나는 다른 건 몰라도 석관은 쓰지 않았으면 좋겠다고 말한다. 석관을 쓰면 석회를 뿌린

돌의 틀 안에 시신을 봉하는데, 그러면 물이 서서히 들어와서 빠져나가질 않는다. 관 속에 물이 차면 시신이 상하지를 않는다. 시신은 썩지도 않고 돌그릇에 띄워진 셈이 되고 마는 것이다.

매장 방식을 선택할 때 관을 아예 안 쓰는 게 가장 좋다고 말하는 사람도 많다. 그걸 탈관(脫棺)이라고 하는 사람도 있고, 몰관(沒棺)이라고 하는 사람도 있다. 관을 안 쓰고 시신을 모셨을 때 가장 빠르게 자연으로 돌아가는 것은 분명하다. 경기도나 충청도 쪽엔 매장할 때 아예 관을 못 쓰게 하는 풍습을 지닌 지역들도 있다.

중요한 것은 장례를 지낼 때 남한테 보여주기 위한 어떤 관습보다도, 내가 나 자신에게 보여주기 위한 행동을 하는 게 낫다는 것이다. 남한테 보여주기 위한 건 대개 누군가의 돈벌이가 될 뿐이다. 나는 그 사람이 살아 있을 때 그의 행복을 위하여 당신의 돈과 시간을 쓰지 않고, 당신이 리무진 같은 것으로 그런 부채감을 때우려고 하는 건 아닌지 묻고 싶다.

관 속을 꽃밭같이 만드는 건 당신의 자유다. 그렇지만 시신 위에 당신이 준비한 국화꽃 한 송이를 얹어드려도 그 마음은 똑같다. 옛날처럼 엽전과 쌀을 입에 넣어드리는 것도 당신이 하고 싶으면 하고, 관에 넣어드릴 예단이라고 해서 종이로 꽃이나 뭐를 예쁘게 꾸며 채우는 것도 좋다.

그렇지만 소박하게나마 고인이 살아 계실 때 잘하는 게 훨씬 더 귀중한 일이다. 죽은 뒤에 시신이 타는 리무진은 죽은 이와 아무런 관련도 없다.

15장

장례는
산 사람들의
놀음이기에

장례식장에서 행해지는 모든 것은 다 산 사람들의 뜻이다.

우리는 죽으면 다 자연으로 돌아갈 뿐이다. 죽은 사람은 죽는 순간 이미 이 세계의 모든 인연을 마감했다. 죽은 사람은 불 속에 들어가도 모른다. 아직 남아 있는 사람들이 자기 능력과 처지에 맞게 죽은 자를 보내주고 산 자들을 초대하는 일이 장례다.

세계의 어느 나라든 귀한 시신을 모시는 장례 문화가 있다. 대통령이나 총리 같은 사람들의 장례를 치를 때면 가장 좋은 장례식장에서, 가장 좋은 관을 쓰고, 가장 좋은 옷을 입혀서 보내드린다. 그분들의 위치가 있으니 고인을 예우하는 차원에서 그렇게 해드려도 무방할 것이다. 그러나 없는 사람이 빚을 내서 그렇게까지 할 필요는 없다.

내가 자주 찾아가는 곳, 내 눈길이 머무는 곳은 그렇게 산 사람들의 이목이 쏠린 장례가 아니다. 젊었을 적부터 사람들이 몰리는 곳에는 별다르게 호기심이 생기질 않았다. 나는 아무도 신경 쓰지 않는 이들의 죽음에 늘 마음이 아프면서, 무언가 약간의 부채감 같은 것을 느꼈던 것 같다.

대구시립납골당에 갈 때마다 나는 납골당 건물 옆에 마련된 무연고 시신들의 무덤을 찾는다. 10년 동안 아무도 찾아가지 않은 무연고 시신의 유골함은, 이제 유골을 한지에 싸서 매장하듯 땅을 파서 그 무덤에 묻어드린다. 내가 가는 합장 무덤은 바로 그렇듯 잊힌 사람들의 죽음이 모인 곳이다. 수백 구를 한자리에 합장해드린 그곳 앞에서 나는 거기에 묻힌 이들의 넋을 빈다.

중요한 사람의 장례를 성대하게 치러드리는 것도 사회적으론 필요한 일이겠지만, 그것은 기본적으로 산 사람들의 놀음이다. 산 사람의 슬픈 축제이며, 다 같이 부르는 만가(挽歌)다.

그렇지만 시립납골당 한편에 묻힌 이들이 망자가 되었을 때 그들을 최소한이나마 인간답게 모시는 건, 산 사람들의 놀음 이전에 한 사회의 의무이자 우리 자신의 의무라고 보는 게 맞을 것이다. 20여 년 전 병상에서 내가 살아 나간다면 이 일을 해야지 다짐했었는데, 그간 어쩌다 보니 계속 이 땅에서 숨 쉬고 있고 팔다리가 멀쩡해 일을 계속하고 있다.

몇 년 전, 어느 기업체 회장과 시설에서 돌아가신 극빈자가 배다른 형제였던 일이 기억난다. 동생은 돈이 없어 고달픈 삶을 마감했는데. 그가 죽은 후 유족에게 알려진 소식을 듣고 찾아온 형은 어느 중견업체의 회장이었다.

형은 크면서 자신의 엄마와 다른 데서 살고, 어른이 된 후 성공했던 것이다. 그곳에 왔던 형은 시신의 얼굴을 봐도 자신의 동생인지 알아채지 못했다. 우리가 보기엔 둘의 얼굴은 참 많이 닮아 있었다.

형은 자기도 동생이 살아 있는지 전혀 몰랐다고 했다, 아주 어릴 적에 만났던 동생의 존재가 어렴풋이 기억나지만, 그 이후로 자기 핏줄에 대해서는 평생을 잊은 채 살았다고 했다. 자기한테 생전에 연락이라도 한번 했었으면 좋았을걸, 후회하면서 그는 장례식장을 지켰다. 그분의 슬픔이 깊숙하게 전달되어 내 기억에도 오래 남아 있다.

죽은 동생은 자기가 죽고 난 뒤 그런 일이 있는 줄도 모를 것이다. 결국, 형도 동생을 위해서가 아니라 자기 자신을 위해서 장례를 치러준 우리에게 맛있는 것도 베풀고 선물도 주고 그런 것이 아니었을까. 살아서 동생을 돌보지 못한 마음을 장례식장에서라도 갚고 싶었던 것이 아니었을까. 그렇다면 나도 역시 고인들을 위해서가 아니라 나 자신을 위해서 이런 일을 하고 있다는 것을 잘 안다.

언젠가 현장에서 일하던 60대 초반 남성분의 염을 해드렸다. 그분은 오른쪽 팔꿈치 아래가 없었는데, 유족들에게 오래전 사고가 나서 팔이 절단되었다는 말을 들었다. 이렇게 팔이 없으면 수의를 입혔을 때 수의가 처져버리기 때문에 옛날에는 짚으로 팔 부분을 대신했다. 나는 짚 대신 빳빳한 마분지를 문구점에서 사 와 둥글게 만들어 수의 밑에 넣어드렸다.

그리고 유족들과 함께한 자리에서 시신의 염습을 마무리하며 "팔 하나가 없이 살아가는 데 얼마나 고생이 많으셨어요. 저승 가서는 편하게 살아가세요."라고 말씀드렸다. 나는 죽어본 적이 없어 당연히 저승에 대해서도 알지 못하지만, 그가 팔 하나가 없더라도 거기에서는 아무런 근심과 걱정이 없을 것이라고 믿고 있다. 그래도 나는 팔을 만들어드렸고, 유족들은 그걸 보며 내게 따뜻한 감동과 고마움을 전해주었다. 우리는 같이 고인의 안식을 빌며 그를 보내드렸다.

누군가의 행복을 바라는 마음은 이승과 저승을 가리지 않는다. 장례는 다만 그 마음의 표현일 뿐이다. 내가 산 사람을 위해 팔을 만들어드렸는지 죽은 사람을 위해 팔을 만들어드렸는지는 중요하지 않다. 우리는 모두 살아 있으면서 동시에 죽어가는 사람이기 때문이다.

2부

죽음의 곁에서
생각했던 것들

16장

내가 처음
죽은 몸을
닦아드리던 그날

사람들은 죽음에 대해서 참 관심이 많다. 죽음을 다룬 책도 많고, 영화도 많고, 신문기사 같은 것도 많다. 그렇지만 죽었다가 살아 돌아온 사람이 없으니까 물어볼 곳은 없다. 우리는 사후세계에 대해 전혀 알 턱이 없다. 그러니 결국은 종교적으로 따지는 수밖에 없을까?

나는 종종 생각한다. 내가 이 삶을 아주 충실하게 살고 있다면, 내가 죽어서 어떻게 되겠다는 것을 구태여 생각할 필요가 있을까? 내가 태어나서 진정 인간답게 살았다고 생각한다면 죽은 후의 세계에 대하여 두렵거나 궁금할 일이 있을까?

누군가의 죽음을 직면한 유족들을 참 많이 만나왔다. 그간 내 주위의 많은 이들의 부고(訃告)를 받기도 했다. 특히 누군가가 자기 어머니나 아버지의 마지막을 함께하는 순간을 지켜보며, 나는 그런 생각을 했다.

자신이 부모에게 효도를 다한 사람, 부모에게 있는 힘껏 도리를 다하려고 노력했던 사람의 슬픔과, 그렇게 하지 못한 사람의 슬픔은 무언가 다른 것 같았다. 전자의 사람들은 적어도 겉으론 그렇게까지 슬퍼하진 않는 것 같았다. 비통해하면서도 의젓하고 점잖았다.

가만히 보면 스스로의 효도가 조금 미심쩍다고 생각하는 사람들, 남들은 모르는데 자신만 아는 그 미심쩍은 것을 못내 켕겨 하는 사람, 아쉬움이 남은 듯한 사람이 그리도 슬피 울며 현실을 인정하지 못하는 듯했다.

언제나 자기 자신이 가장 잘 아는 법이니까…. 내가 엄마 아빠에게 뭔가를 잘못했다든지, 아니면 부모님이 해달라는 것을 자신이 안 해주었다든지. 그런 아쉬움이 남아서 슬피 우는 게 아닐까? 어쩌면 그건 하나의 미련이라고 할 수 있을까?

부모에게 제대로 효도하지 못했던 내가, 뭐 하나 제대로 해드렸던 적 없는 내가 이런 말을 하니 조금은 우습기도 하다.

1910년에 태어나셨던 아버지는 내가 열여섯 살 때 예순이 안 되어 돌아가셨다. 워낙 어릴 때여서 그랬던지, 아버지의 죽음에 관해선 크게 기억에 남아 있지 않다. 슬프긴 했지만 당시에는 집이 워낙 가난해서 살아남아야 한다는 생각이 더 컸던 것 같다.

아버지는 황해도 해주 옆의 연백에서 내려오신 분이었다. 한국전쟁이 터지자 육 남매 중에서 고모 두 분은 이북에 계시고, 네 형제는 이남으로 내려오셨다.

이북에서 할아버지의 집안은 돈이 엄청 많은 부자였다고 한다. 아버지는 짚으로 그 많은 돈을 엮어서 지금 세종시와 가까운 신도안이라는 곳, 조선 태조가 한양 이전에 처음으로 도읍지를 정한 자리에 정착하여 정미소를 차리셨다. 정미업은 그때 아주 부자들만 할 수 있는 업이었다.

그렇지만 아버지는 책 말고는 아무것도 모르는 학자였다. 천생 선비였고, 책만 아시는 분이었다. 세수하고 밥상을 당겨 책을 펴시면 그게 아버지 하루 일과의 시작이자 끝이었다. 어릴 때 종종 대학교수 같은 분들이 와서 무릎을 꿇고 아버지의 가르침을 적어 가던 게 기억난다.

그렇게 책만 읽고 돈에 관해선 아무것도 모르니까 주위에 돈을 다 뜯기고 정미소 사업은 쫄딱 망했다고 한다. 그 후 나머지 세 형제는 충청도에 그대로 계시고, 아버지는 아기였던 나와 함께 대구에 내려오셨다. 어쨌든 아버지는 사업이 망하든 말든 평생에 직업도 없었고, 생활 전선에 뛰어든 적이 없었으며, 집의 살림살이에 대해선 언제나 늘 어머니의 소관이었다.

그래서 형이 아버지를 참 많이 미워했다. 나라고 아버지 원망을 안 했겠느냐만, 나는 우리가 십 대가 되기 전 아버지가 폐결핵에 걸려 죽네 사네 하던 걸 상기시키며 아버지를 변호했다. 약한 몸에 할 줄 아는 건 책 읽는 것밖에 없던 아버지가 뭘 할 수 있었겠냐고, 아버지를 그만 싫어하라고 형님에게 잔소리를 많이 했다.

어머니는 아직 아버지가 살아 계실 때부터 대구 반월당에서 과일과 채소 등을 팔며 노점을 해서 우리를 키웠다. 아버님이 돌아가신 후에야 말할 것도 없었다. 한평생 일만 하시다가 돌아가셨다.

어머니의 고생도 고생이었지만, 그때부터 어머니는 없는 사람을 집에 데리고 와서 먹이고 재우고는 했다. 그래서 반월당 인근에서 어머니의 선행이 무척 유명했다고 한다. 어머니는 남의 집 셋방살이를 하면서도 조금이라도 아프거나 굶는 사람을 그냥 지나치지 못하는 성품을 가진 분이었다.

어머니는 내가 결혼하고 아이들이 아직 어렸던 삼십 대 중반에 예순여덟의 연세로 소천하셨다. 남들처럼 편안한 삶을 오래 누리지 못하고 돌아가셨던 것도 슬펐지만, 그때도 나의 생활이 안 좋고 빈곤한 편이었으니까, '저게 좀 잘살았으면' 하는 걱정을 어머니께 많이 끼쳐드렸다. 그래서 '내가 집이라도 한 채 가지고 있었을 때 돌아가셨으면 좋았을 텐데….' 하는 마음이 오래 남아 있었다.

하지만 지금도 생각하면 조금 고마운 게 있다. 내가 암에 걸려 시한부 인생을 선고받았을 때 어머니가 살아 계셨다면 얼마나 가슴이 아팠을까. 그걸 모르고 가셨으니 오히려 다행이지 않나. 아플 때 그런 생각을 자주 했다.

내가 중학교에 다닐 때, 동네에 돌아가신 아버지의 지인분이 계셨다. 아버지와 같이 이북에서 내려오신 분이었다. 워낙 어릴 적의 일이라 그 어르신의 얼굴도 어렴풋하다.

그분은 참 외로운 분이었다. 이북에서 홀로 내려와 이남의 여성과 결혼하셨는데, 아내는 이미 자식들이 있는 분이었다. 그래서인지 가족들과도 잘 어울리지 못하고 겉도셨던 것 같다. 어쨌든 동향 출신은 아니었어도 아버지와는 형님 동생처럼 지내던 분이셨다.

지금은 정확하게 기억나진 않지만, 그분은 전염병 비슷한 병으로 돌아가셨다. 동네에서는 아무도 그분의 염을 하려고 하지 않았다. 장의사가 와서 염을 해드려야 했는데, 왜 그랬는지 아무도 그분을 챙기지 않았다.

그때 어머니가 "봉희, 네가 들어가서 염을 해주거라." 하시며 내 등을 떠밀었던 게 기억난다. 어머니는 염장이가 흘리는 땀은 절대로 시신 위에 떨어지면 안 된다고 수건을 내 이마에 묶어주시면서, 향나무를 깎아서 한나절 물에 담가두어 만든 향 물과 탈지면을 내게 건네주셨다. 그렇게 어머니가 일러주시는 대로 내 생애 첫 염습을 시작했다.

혼자서 시신의 옷을 다 벗기고, 닦고, 갈아입히는 게 어찌나 힘이 들던지, 땀이 비 오듯 흘렀다. 어머니께서는 죽은 사람을 어떻게 닦고, 그에게 수의를 어떤 방식으로 입혀드려야 하는지, 그분의 몸을 어떻게 묶어야 하는지를 잘 알고 계셨다. 나는 어머니가 밖에서 일러주시는 걸 그저 따라서 했을 뿐이었다. 일을 끝내고 나오니 어머니가 막걸리 한 사발을 내 머리 위에 부으셨던 것도 기억난다.

어쩌면 그 경험이 사십 대 중반이었던 먼 훗날의 나에게 영향을 미쳤던 건 아니었을까. 내가 남이 가장 꺼리고 싫어하는 것을 해보아야겠다고 생각했던 데에는, 특히 어머니의 영향이 컸던 것 같다. 그리고 지금 이런 책을 쓰면서 계속 어머니를 생각하고 있다.

나는 사후세계를 알지 못한다. 나는 죽은 후에 어떻게 될지 알지 못하고, 그다지 궁금하지도 않다. 나는 어느덧 아버님이 사셨던 것보다 이생에서 훨씬 더 긴 시간을 보냈고, 어머님이 소천하신 나이보다 더 많은 나이를 먹었다. 그렇지만 어머님께서 가르쳐주신 그날의 염습을 잊지 못하고, 그 가르침대로 살아가고 있다.

어머님과 아버님이 보고 싶다. 참 많이 보고 싶다. 그렇지만 나는 죽어서 내가 부모님과 다시 만날 수 있을지 없을지를 알지 못한다. 사실은 별로 관심이 없다. 나는 부모님이 일러주신 대로 그저 내게 주어진 삶을 하루하루 열심히 살아가려 노력할 뿐이다.

17장

장례지도사를
꿈꾸는
젊은이들에게

요즘은 젊은 장례지도사도 많아서, 이곳저곳의 현장이나 장례식장에서 종종 그들을 만나기도 한다. 과거처럼 염장이 일이 천시를 받는 것도 아니고, 사람들이 장례지도사에게 고마움을 표현하는 것도 많이 본다. 참으로 다행스러운 일이다.

그렇지만 지금 장례지도학과에서 가르치는 것들이 장례식장을 운영하기 위한 공부에 가까운 것은 다소 아쉬운 일이다. 그건 물론 젊은이들의 문제가 아니라 그들을 지도하는 어른, 기성세대와 그들이 취직하는 업계 전반의 문제에 가까울 것이다.

내가 사는 곳에 가까이 있는 대학교에도 장례지도학과가 있는데, 그 교수들과는 건너 아는 사이니까 가끔 만나 대화를 나누기도 했다. 나는 학생들이 돈에 휘둘리지 않게 제발 업계의 분위기를 잘 마련해달라고 간곡히 부탁했다.

무엇보다도 죽은 사람을 돈으로 보지 않는 분위기가 가장 중요하다. 죽은 이의 유족들은 보통 장례를 모르니까 업체나 지도사에 의지할 수밖에 없고 그 사람이 하라고 하면 할 수밖에 없는데, 그게 다 돈으로 연결된다는 건 안타까운 현실이다. 젊은이들은 그러고 싶지 않아도 그 분위기에 휩쓸릴 수밖에 없다.

장례지도사는 한 사람의 죽음을 주관하는 업을 한다. 그리고 그들이 죽은 자와 산 자에게 예를 갖춘다면, 자신의 가족을 떠나보내는 유족들을 정말로 깊이 위로할 수 있다. 그 일에서 나도 얼마나 큰 보람을 느꼈는지 모른다.

그렇지만 죽음을 주관한다는 것은 절대 만만치 않은 일이다. 젊은 장례지도사가 명심할 것이 있다. 시신에 염을 해드리고 장례 절차를 익히는 것은 하나의 기능이다. 기능이나 기술은 반복에 반복을 거쳐 숙련되면 끝이다. 옛날에도 염사(殮師)라는 직능이 있었듯, 시신을 대하는 것도 하나의 기술일 뿐이다.

사람들을 감동케 하는 것, 이 일을 향한 존중과 존경을 장기적으로 담보할 수 있는 것은 그런 것이 아니다. 진정 죽음과 장례에 대해서 고민하고, 고인과 상주들을 대하는 예의를 지키며, 아무에게도 허투루 무언가를 권하거나 숨기지 않는 게 장례지도사가 사람들의 존경을 받을 수 있는 기본적인

조건이다.

무엇보다도 죽음의 모든 과정에 대해서 유족들에게 찬찬히 설명하고 그들을 이끌 수 있는 것이 중요하다. 염습과 수의와 관, 제사와 산소와 묘에 관해서 하나하나 질문을 받고 설명해줄 수 있어야 하며, 그 모든 과정에 관하여 유족들과 숨김없이 소통해야 한다. 장례지도사는 죽음에 관한 합리적이고 타당한 이야기를 할 수 있는 사람이어야 한다. 또 죽음에 관한 어떤 것에 대해서든 "왜?"라는 질문에 답을 할 수 있는 사람이어야 한다. 한자어로 된 축문(祝文)을 유식한 척 읽으면서 전체의 장례 금액을 합리화하는 사람이 아니라, 유족의 마음을 가장 쉬운 말로 편안하고 따뜻하게 위로할 수 있는 사람이 진정 인간의 죽음을 잘 주관하는 사람일 것이다.

몇 년 전, 지인의 큰어머니가 돌아가셔서 함께 산소에 갔던 적이 있다. 화장을 한 뒤 유골을 나무에 모시는 수목장(樹木葬)의 형식이었다. 그때 모 상조회사에서 일을 하러 왔는데, 거기서 나온 장례지도사는 젊은 여성이었다.

보통 업체와 함께 산소에 올라가면, 어려운 말을 쓰거나 쓸데없는 절차를 덧붙이며 장례를 치르는 경우가 참 많다. 그런데 그분은 달랐다. 제물(祭物)도 단출하게 가져오고, 해야 할 것만 하고, 따뜻하고도 담백한 어조로 유족들에게 설명을 이어갔다.

이렇게 산소에서는 주(酒) · 과(果) · 포(脯) 세 개만 올라오면 됩니다. 산에 올라와서는 축문을 안 읽어도 무방합니다, 이런 형식으로 해서 절을 시켜드릴게요…. 이렇듯 하나의 허례허식 없이 유족들이 해야 할 것을 일러드리고 대화를 나누었다.

장례가 마무리된 뒤 누군가가 나도 장례 일을 하는 사람이라고 언질을 주었나 보다. 그분이 내 옆으로 와서는 "혹시 제가 부족한 게 뭐 없었을까요?"라고 물었다. 내가 말씀드렸다. 진짜 잘 배웠다, 내가 여러 상조회사의 일을 봐왔지만 당신이 한 게 최고다, 정말 멋지다고 칭찬을 해드렸다. 또 당신이 유족들에게 보여주었던 솔직하고도 꾸밈없는 태도야말로 참으로 훌륭하다고 말씀드렸다. 그이는 무엇을 억지로 하지 않더라도 유족들의 마음을 가장 잘 위로하며, 예는 딱 갖춰서 일을 진행했기 때문이다.

그러한 위로는 직업으로서의 장례업과 관계가 있다기보단 고인과 유족을 향한 진심 어린 마음의 여부와 관계있을 때가 더 많으리라. 그리고 장례는 우리 조상들의 관혼상제(冠婚喪祭) 중 하나였으며, 옛 어르신들이 했던 걸 찬찬히 뜯어

보면 그들에게는 다 나름의 이유가 있었다. 그 이유 중에는 지금까지 유효한 것도 있고, 더는 산 사람들에게 필요 없는 것들도 많다.

나는 젊은 장례지도사들이 그 모든 과정을 진지하게 고민하고 자신들의 답을 찾기를 바랄 뿐이다. 산 자와 죽은 자에 대한 예의를 깊이 생각하고 온몸으로 체득한 후 망자와 그의 유족들을 대하길 바란다. 이 일은 마땅히 그런 사람들만이 해야 하는 업이라고 믿고 있기 때문이다.

18장

장례식,
절대로 업체에
휘둘리지 말라

자신이 상주(喪主)가 되는 장례는 대개 많이 겪어봐야 서너 번에 그친다. 부모 두 번, 그리고 배우자의 부모 장례식까지. 아무리 다른 장례식장에 자주 문상을 가보더라도, 내가 직접 선택하고 결정해야 할 장례는 아니니 여러모로 일반화가 되긴 쉽지 않다.

학교에서나 누군가가 장례에 대해서 체계적으로 가르쳐준 적도 없다. 한번 치러본 뒤 오랜 시간이 지난 뒤에는 역시 뭘 하더라도 잊어버리고 만다.

즉, 장례는 우리와 현실적으로, 또 심정적으로 거리가 매우 먼 행사라고 할 수 있다. 그러한 거리감이 장례 문화를 이렇게 만들었다. 90퍼센트는 업체에서 하라고 하는 대로 다 따라 한다. 모르니까. 이것을 왜 해야 한다고 일러주지 않고 그냥 하라고 하니 거기에 따라가는 문화가 되어버렸다. 이 일을 가까이에서 많이 접한다면 우리 장례 문화가 이렇게는 안 됐을 것이다.

상주가 되면 장례에 관한 하나하나의 선택과 판단을 내

가 다 해야 하는데, 경험도 없고 사회적으로 일반화도 안 되어 있으니 이걸 없앨지 안 없앨지, 뭘 선택해야 할지 모르는 것이다. 그러니 바가지를 쓰고, 골라본 적이 없는 걸 고르려니 힘도 들고, 그래서 장례업체가 시키는 대로 할 수밖에 없고…. 가족이 돌아가셔서 워낙 경황이 없는지라, 심지어는 자신이 바가지를 썼는지도 모르는 일도 비일비재하다.

장례식장에선 이쑤시개 하나도 다 돈이다. 공짜는 절대 없다. 몇백만 원을 훌쩍 넘어가는 장례식장의 빈소 사용료나 입관 용품의 비용을 볼 때마다 나는 한숨이 나온다. 유족들은 고인을 위해 좋은 뜻으로 뭐든 해드리고 싶겠지만 결국에는 다 돈으로 연관된다. 자주 없는 안 좋은 일이니 사람들은 뭐든 해야 하는 줄로만 알고, 업체에선 그걸 핑계로 돈을 버는 것이다.

나는 장례에 관해서 이렇게 말씀드리고 싶다. 남이 하라는 것을 무조건적으로 따라 하지 말라. 업체와 끊임없이 이야기를 나누라. 그리고 기본만 하라.

남의 눈을 의식할 필요는 없다. 관 속의 꽃장식과 리무진, 그리고 수의에 관해서는 앞에서도 줄곧 이야기했다. 나는 모든 죽음이 지금보다 조금은 더 소박하기를 바란다. 관에 넣어드리는 꽃도 꼭 하고 싶으면 소박하게 하라. 고인을 향한 당신의 마음만 잘 전달하면 충분하다.

모든 게 더 줄어들어도 된다. 삼일장 마지막 날 아침 망자가 나가실 때 발인제 같은 것도 안 지내도 된다. 처음 입관한 뒤에 가서 빈소에 제물을 차려놓고 술을 한번 올리는 것으로 고인을 향한 예우는 충분하다. 요즘은 남자의 경우 상복으로 양복을 많이 입는데, 모든 유족이 거추장스레 상복을 입을 것 없이 상주만 상복을 입으면 충분하다고 본다. 음식도 낭비를 줄이는 데 신경 써라. 비용도 비용이고, 식장에서 남아 버리는 음식이 너무나도 많다.

당신의 장례를 함께하는 장례지도사에게 "꼭 이걸 해야 됩니까?"라고 물어보아라. 자주 퀘스천 마크를 달고, 이야기를 나누고, 함께 차근차근 답을 내보라. 답이 안 나온다고 생각되면 과감하게 빼버려라. 꼭 해야 한다고 하는 것만 하라.

그렇지만 막상 일이 급작스럽게 닥치면 이렇게 차분한 마음을 내지 못할 수도 있다. 그래서 나는 연세가 많거나 병환이 있는 가족을 둔 분들에게 미리 '장례 쇼핑'을 다녀보라는 말을 한다. 이런 말이 조금 이상하게 들리는가? 장례 쇼핑이라는 말이 뭐 어때서 그런가? 쇼핑하러 다녀보면 쓸데없는 걸 뺄 수 있고, 줄여야 할 것을 줄일 수 있고, 업체의 농간에 휘둘리지 않을 수 있다.

어르신이 돌아가시기 전에 장례식장에 가서 견적서를 잘 뽑아보라. 주위에 있는 적당한 장례식장을 찾아서 물어보고 품목을 정리해두라. 그럼 어느 장례식장은 뭐가 얼마고, 어디서 쓸데없는 걸 부풀리고 등등을 꼼꼼하게 비교하며 알아챌 수 있다. 내가 고인을 잘 보내드리기 위하여 어떤 것을 준비해야 하는지를 사전에 따져볼 수 있다.

장례에 관해서는, 무엇보다도 다른 사람의 눈을 신경 쓸 필요 없이 내가 이해가 가고 마음에서 우러나오는 것만 하면 된다. 가장 기본이 되는 그것만 해도 충분하다. 고인의 영원한 안식을 빌어주려는 당신의 그 마음만이 소중하다. 다른 건 모두 부차적일 뿐임을 명심하라.

살아 계실 때 죽음을 준비한다는 건 사려 깊고 현명한 자세로 느껴진다. 요즘은 자신이 죽을 것을 대비하여 자기 물품을 미리 정리하는 '데스클리닝(death cleaning)'이라는 단어도 널리 쓰이는 것을 알고 있다. 죽은 후에 산 사람들이 고생하지 않도록 스스로의 주위를 정리하고 쓸데없는 것들을 버린 채 간소하게 살아가려는 움직임이다.

그런 면에서 나는 연로하신 노인이 자신의 수의를 준비

하는 것도 나쁘게 보지 않는다. 자식들이 그것을 괜히 불길하거나 불편하게 생각할 필요가 없다. 다시 한번, 우리는 생졸을 끊어서 생각할 필요가 없다. 죽음을 멀리 두어서 좋을 게 없다.

지금은 장례식장 분위기도 많이 밝아졌다. 젊은 사람들이 과거의 장례 문화와 분위기에 호락호락 안 당한다고 해야 할까? 나는 뭐든지 꼼꼼하게 따져보려는 이러한 분위기를 긍정적으로 본다. 불과 2000년대 초반만 하더라도 장례식장의 분위기는 지금과 많이 달랐다. 우리 젊었을 때는 더했다. 시키는 대로 다 해야 했다. 지금은 그때보다는 훨씬 더 합리적인 풍토가 자리 잡았다.

장례는 우리의 삶에서 피할 수 없는 것이다. 그러니 준비해두라. 마음으로 준비하고, 몸으로도 준비하라. 그것이 고인의 유지를 지켜나가는 일이라는 걸 기억하라. 고인은 우리가 언제 어디서든 행복하고 여유롭길 바라고 있으리라. 그거면 됐다. 다른 게 뭐가 중요하랴.

19장

핏줄이란
무서운 것이다

어느 날 이른 아침, 근방에 사는 친구에게 전화가 왔다. 자기가 운동을 하고 있는데 천변에서 누가 스스로 목숨을 끊은 걸 발견하여 사람들이 몰렸다고 한다. 한데 친구가 말하기를, 사람들이 응급차가 오기 전 가족에게 연락하려고 그가 갖고 있던 지갑을 보니 거기에 나의 이름과 전화번호가 적힌 메모지가 있었다는 것이다. 나도 왜 그게 있었나 궁금했는데, 아니나 다를까, 그날 오후에 고인의 아들로부터 전화가 왔다.

그래서 부랴부랴 장례식장으로 가 그분의 장례를 도와드렸다. 참 난감했다. 마흔 남짓 된 아드님도 왜 자기 아버지가 내 연락처를 갖고 있었는지 모르고 있었다. 틀림없이 내 이름과 전화번호를 적어두었을 때는 이유가 있었을 것이다. 내가 봉사를 할 때 옆에 왔다든지, 내가 이 일을 하는 걸 알았을 것이다.

그러니 내 이름과 연락처를 써두고 자기가 죽으면 장례를 치러달라는 마음이었을 텐데…. 한데 장례식이 마무리되고 있는 시점에 돌아가신 분의 어느 지인에게 그분이 자살한 이유를 들었다. 그는 조용히 말해주었다. "자식이 사업을 하다가 다 말아먹고 망해버려서, 저놈 살리려고 자기가 사는 전셋집도 해약하고 보증금 다 빼서 줬던 것 아닙니까. 그리고 자기는 살 집도 없고 그러니까…. 그래서 간 모양입니다."

가면서 자기 자식이 장례를 치르면 돈이 드니 우리 봉사단에 연락하라는 메모까지 남겨둔 것이었다. 그러면 무료로 장례를 치러줄 걸 알고서 말이다.

아무튼 돌아가신 분은 돌아가신 분이지만, 자식이 어떻게 살아갈 수 있을까. 돈을 주지를 말든지, 도움은커녕 자기 자식의 가슴에 평생의 대못을 박은 건 아닐까. 아무리 자식 이기는 부모는 없다고 하고, 자식을 위해선 목숨까지 바친다는 게 부모의 당연한 모습이라지만….

가족이란 무엇일까. 아니, 그 이전에 핏줄이란 무엇일까. 이 일을 하며 여러 가족과 혈연들의 무수한 사연을 만났다. 위에 적은 사례는 아주 극단적인 것이라고 해도, 사실 이런 말 못 할 사연들이 정말 많다.

내게 유전자를 나눠주고, 나와 유전자를 나누고, 또 나와 닮은 사람이 어디선가 살아간다는 건 우리에게 참 많은 것을 일러주는 것 같다. 더욱이 나를 위해서 자기의 목숨까지 내어줄 수 있는 사람이 있다는 것은 우릴 한 번쯤 멈춰 서서 깊은 생각에 잠기게 한다.

나는 이렇게 나와 가장 가까운 핏줄을 인간이 지켜야 할 많은 덕목의 가장 근원이라고 믿는다. 혈연관계란 생각보다 더 무거운 인연이다. 부모 자식 관계는 말할 것도 없고 자신과 한집에서 자라난 형제자매까지.

세상에는 엉망진창의 가정과 가족 관계도 정말 많다. 가족이라고 해서 무조건 더 사랑해야 할 필요도 없고, 내 가족이 누군가의 사랑을 받기에는 너무 문제가 많은 사람인 경우도 있을 거다. 그래서 자신의 핏줄이 아니라 다른 사람에게 그만큼 더 사랑을 베푸는 사람도 없진 않을 것이다.

그렇지만 핏줄은 그러한 사랑의 주고받음을 뛰어넘는다. 핏줄은 핏줄이므로 상대를 이해해야 한다. 그때 이해의 힘은 사랑보다 더 강력할 수 있다.

핏줄이란 설령 누군가에게 사랑을 주지 못하더라도, 나와 핏줄을 나눈 그가 왜 그런 사람이 될 수밖에 없었는지를 묻는 힘이 될 수 있다. 그런 힘이 되어야 한다. 세상의 모든 사람이 죽일 놈이라고 손가락질한다 해도, 핏줄은 그렇게 해선 안 된다. 그런 면에서 핏줄은 핏줄 아닌 다른 사람들과는 다른 것이다.

부모나 자식, 나의 자매나 나의 형제, 그리고 나의 어느 혈연이 살인을 했다고 치자. 모든 사람이 그를 비난하며 사형시켜야 한다고 말할 것이다. 자식이나 부모는 거기서 한발 더 나아가야 한다. 내 혈육을 향해 퀘스천 마크를 달아야 한다. 그를 용서하거나, 그에게 무조건적인 사랑을 보내거나, 그의 죄를 무마하라는 게 아니라, 그를 깊은 차원에서 이해해야 한다.

왜 우리 아버지는 살인을 했을까? 왜 내 자식은 살인을 했을까? 나는 내 자식이나 부모가 살인을 했으니 사형시켜야 한다는 의견에서 한 단계 나아가야 한다. '대체 왜?'라는 질문의 답을 한 번 더 생각해보아야 한다. 내 가족이 진짜 나쁜 놈이고 죽일 놈이 맞다 치더라도, '그는 왜 그렇게 행동했을까?'라는 생각을 할 수 있다는 것이 중요하다.

그 질문의 단계까지 한 번이라도 더 갈 수 있는 게 핏줄이다. 핏줄이란 한 사람이 태어나서부터 수십 년에 이르는 '앎'을 바탕으로 하며, 그 긴 시간 동안 누군가를 지켜보고 보듬는 일은 그에 대한 깊은 진실을 반영한다. 그 진실은 가족이 아닌 어느 누구도 알 수 없는 것이다.

그래서 다른 사람에게는 다 드러낼 수 없는 치부를 보여줄 수 있고, 그래서 내 목숨까지도 왔다 갔다 할 수 있는 이야기를 할 수 있는 게 핏줄이다. 핏줄이라는 것은 결국 우리가 이 세상에서 자신을 꽁꽁 감춘 채 살아갈 수 없다는 진실을 함축하고 있다. 내 삶의 과정과 이력과 허물을 다 알고 있는 존재, 감출 것 하나 없는 존재가 이 세상에서 중요한 건 그 때문이다.

피를 나눈 사람이라는 게 참 무서운 것이다. 내가 지금 집안의 족보 같은 걸 따지려는 것이 아니다. 다만 자식을 위해 목숨을 바치는 부모의 이야기가 심심찮게 들려오는 데서 느껴지는 혈연의 무서움과 무거움에 대해 말하고 싶은 것이다.

가족이라고 상대에게 모든 걸 다 퍼줄 필요는 없다. 물질로 퍼주는 것보다 더 중요한 것은 믿음의 가능성을 주는 것이다. 내 흉한 과거와 상처를 모두 보여주어도 한 번은 내 처지에서 생각해줄 수 있는 누군가, 나를 있는 그대로 바라봐줄 수 있는 누군가에 대한 믿음은 너무나 중요하다. 핏줄은 그 믿음을 줄 수 있는 최소한의 보루다.

나는 핏줄을 우리 인간의 '괄호'와 같다고 생각한다. 수학에서는 괄호 안에 있는 연산기호를 무조건 먼저 계산하게 되어 있다. 괄호 안의 계산이 끝나면, 괄호 밖을 찾는다. 우리가 핏줄을 먼저 생각하는 건 마치 괄호처럼 하나의 자연적인 욕망과도 같은 것이다.

그렇지만 거기서 한 단계 더 나아가야 한다. 우리는 자기 가족을 가장 잘 알기 때문에 그를 괄호 안에 넣어둘 수 있었지만, 괄호 안에 넣어두었다면 그에 대해서 가장 잘 알아야 한다는 것 또한 핏줄의 의무다. 나의 가족을 향해 끊임없이 퀘스천 마크를 던지며 그를 깊이 이해하려는 노력이 없는 핏줄 사랑은 그저 동물들의 차원에 그치고 말 뿐이다.

20장

배려의 시작은 '자주'에 있다

핏줄이 우리에게 주는 '괄호'의 의미를 일상에서 실천할 수 있는 방안이 있을까. 나는 그것을 '자주'라는 말로 표현하고 싶다. 서로 자주 연락을 나누고, 서로 자주 얼굴을 볼 수 있는 계기를 계속 마련하는 것이다. 그것이 곧 배려의 시작이다.

당신의 가족과 친지에게 연락을 하라. 먼저 연락하라. 만나서 밥이라도 먹고 얼굴을 확인하라. 만날 수 있는 자리를 소홀히 하지 말라. 연락을 나누고 얼굴을 봐야 관계가 끊기지 않고 배려든 뭐든 할 수 있는 것이다. 핏줄에서 시작된 배려는 곧 당신의 이웃으로 자연스레 이어질 것이다.

물론 당신이 힘들 정도로 연락을 하거나 얼굴을 보는 건 바라지 않는다. 당신이 어떤 관계 때문에 스트레스를 받는다? 그것은 이미 전도된 관계이고, 끊어내야 할 관계다, 다만 서로 힘들지 않고, 될 수 있는 한 '자주' 상대를 궁금해하는 것이 바로 배려의 출발이란 것을 잊지 않았으면 좋겠다.

나의 할아버지까지는 무려 8대가 독자였고, 할아버지가 6남매를 낳으셨다. 앞에서 말했듯 아들 4형제가 이남으로 내려왔는데 나의 아버지가 맏이였다. 지금은 다 돌아가시고 막내 작은어머니 한 분만 살아 계신다.

지금 생각해보면 아버지는 이북에서 내려오셨으니, 따로 기댈 곳도 없어 함께 내려온 형제들 간의 관계를 매우 중시하셨던 듯하다. 그리고 아버지는 자신이 몸담은 마을 공동체도 매우 강조하셨다. 언제 어디서든 인사를 하고, 이웃을 배려하고, 서로를 가족처럼 아끼는 관계를 중요하게 생각하셨다.

아버지의 네 형제들로부터 이 세상에 나온 나와 사촌들은 전체 14남매다. 아들이 열한 명, 딸이 세 명이었는데 그중 나의 형님이 4년 전 가장 먼저 돌아가셨다.

지금 남아 있는 우리는 다들 복작복작 잘 지내고 있다. 서로 안부도 자주 묻고, 일 년에 한 번씩 지내는 묘사(墓祀), 그리고 명절 때 모이는 일은 다들 작은 낙으로 생각하는 것 같다. 많이 부족하지만, 형님에 이어 내가 집안 대소사를 잘 챙기려고 노력한다. 한 사람 한 사람에게 먼저 연락하고 볼 수 있는 날을 챙긴다.

나는 아버지의 영향으로 가족은 물론, 핵가족을 넘어선

친족·혈연 공동체도 매우 중요하게 생각하는 사람이 되었다. 그처럼 친척 간의 인연을 이어갈 수 있는 어른의 역할이 매우 중요하다고 생각한다.

요즘은 옛날과 다르게 자식들이 하나둘만 있지 않나. 집안 대소사가 있을 때 그 아이들에게 전화가 오면 "야야, 오지 마라. 너희 바쁠 텐데." 이렇게 손사래를 치는 건 어른들이 참 잘못하는 것이고, 굉장히 나쁜 것이라고 본다. 안 보면 저게 내 핏줄인지 뭔지 어떻게 아나? 만나서 서로 얼굴을 봐야지 진심으로 상대를 챙길 수 있는 것 아닌가?

바빠서 그런 자리를 챙기지 못한다고? 누군가가 갑자기 돌아가시고 그런 건 어쩔 수 없어도, 집안의 연례적인 행사는 이미 1년 전에 잡힌 일이다. 직장 다니는 사람이 1년 후의 일정도 조절하지 못한다면 그것은 사회생활을 잘못하고 있는 것이거나 직장에 심각한 문제가 있는 것이다. 적어도 자신의 친척 관계를 중요하게 생각한다면, 거기에 맞춰서 계획을 짜두는 일 정도는 요구할 수 있다고 본다.

그리고 자기의 혈연이든 자기가 사는 마을이든, 내 주위의 공동체를 살뜰하게 챙기는 것은 지금 우리의 사회 분위기에서 가장 부족하고, 또 가장 필요한 태도라고 생각한다. 인연은 그런 살뜰함과 시간의 오랜 힘에서 생겨나는 거라고 믿는다.

나는 지금도 근 60년 전 어릴 때, 한동네에서 살았던 어른들의 자제들을 만난다. 한번은 암에 걸려 치료하는데 그때 인사드렸던 어른 한 분의 자제를 경북대 병원에서 마주쳤다. 연세가 여든이 넘는 내 아버지뻘 되시는 분이 "어, 너 봉희 아니냐?"라고 나를 알아보셨다. 우리는 한참 이야기를 나누고 아프지 말자고, 힘내자고 서로를 격려했다.

촌수로는 내 손자뻘 되는 아버지 친구의 손녀가 "아재야!" 하면서 한 번씩 전화가 오기도 하고, 나도 종종 안부를 여쭙는다. 아버지가 나를 워낙 늦게 낳아서 그이가 나보다도 나이가 많지만, 이젠 다 노인네가 된 마당에 그게 뭐 중요한가. 지금도 아버님 친구분들에서 파생된 인연은 다 기억을 하고 연락을 나눈다. 함께 늙어가고, 함께 죽어간다.

사람은 사회적 동물이다. 혼자서는 살 수가 없다. 그리고 혼자 죽어서도 안 된다. 사람은 호랑이나 표범이 아니다. 사람은 어울려서 살아야 하고, 어울려서 죽어야 한다.

혼자 있으면 아프다. 나와 자주 살을 맞대는 공동체 어딘가에 있으면 아프지 않다. 사람은 서로와 대화를 하고, 부대껴야 한다. 무인도에서 나 혼자 사는 게 아닌 이상 남과 나누는 교감은 인간에게 필수적인 일이다.

나만 처박혀 은둔 생활을 해버리면 얼마나 편한가. 그렇지만 나 혼자서 자동차 만들고 집 짓고 농사를 짓고 다 할 수 있는 존재는 어디에도 없다.

특히 현대사회에서는 개인의 고독한 삶뿐만이 아니라, 각각의 가정 안에서만 교류하고 애정을 나누는 일도 넘어설 필요가 있다. 오로지 나와 닮은 사람, 한 울타리 안에 사는 사람과 정을 주고받는 일은 별로 힘들지 않다. 그렇지만 앞으로는 가족을 뛰어넘은 '사회'의 역할이 점점 더 중요해질 것이다. 내가 더 나은 사회에서 살아가고 싶다면, 일찍부터 내 울타리를 뛰어넘은 이들과 대화도 하고 더욱 자주 어울려야 한다. 아이들에게도 우리 집 담장 너머의 이웃과 친지의 존재를 일러주어야 한다.

나는 아이들과 젊은이들이 자기의 핏줄이나 자기 동네 사람들과도 자주 안부를 묻고 자주 만나 정을 나누기를 바란다. 자기 시간이나 자기가 가진 것에 조금은 손실이 가더라도 주위의 관계를 소홀히 해서는 안 된다고 생각한다. 내 가족이 아니어도, 나와는 먼 친척이거나 그저 가까운 거리에 사는 이웃이더라도 그들을 자신의 '괄호' 안에 넣는 연습을 할 수 있었으면 좋겠다.

그것은 분명히 그들의 삶에 커다란 보답으로 돌아올 것이다. 사람의 괄호는 넓으면 넓을수록 좋은 법이니까. 우리는 모두 이 사회와 세계라는 큰 괄호 안에서 살아가고 있으니까.

21장

유산과 상속에 관하여

7년 전쯤 구청에서 중년 남성 한 분이 돌아가셨다는 연락을 받고 찾아갔다. 아직 환갑도 되지 않은 분이었는데, 이분의 집은 정말로 험했다. 한옥 기와집은 여기저기 바닥과 천장이 다 상해서 깨져 있었고, 담은 구멍이 숭숭 나 있는 흙담이었다. 방에 거미줄이 쳐져 있고, 시신은 안방에 반듯하게 누워 있었다.

병원으로 모셔와 시신의 염을 한 뒤에 다음 날 서류 정리를 하고 있는데, 병원에 붙어 있는 장례식장에 벌써 빈소가 차려져 있다는 소식을 들었다. 무슨 일인가 싶어 장례식장 직원에게 물으니, 평소 친분이 있던 그가 이렇게 답했다.

"단장님 가신 뒤에 유족들이 집에 나타났다고 하더라고요. 근데 단장님, 그 집에 돈 많은 거 몰랐어요?"

알고 보니 돌아가신 분께서 그 마루 장판 밑에다가 만 원짜리를 깔아놓았다고 했다. 그게 몇천만 원은 족히 된다고 하던가. 지폐가 서로 붙어서 헤아리면 헤아릴수록 돈이 많았다는 것이었다. 그분이 사시는 동 주민센터에서도 그걸 모르고 기초수급자 형식으로 쌀도 갖다 주고 지원을 해주었는데, 거기서도 집의 장판 밑에 돈이 그만큼 많은 것을 알 리가 없었다. 그 험한 집에 돈이 쌓여 있을 거라고 누가 생각이나 했겠는가?

그런데 유족은 안 것이다. 그는 아내와 자식이 없었고 누나와 남동생과 조카들이 있었는데, 가족은 그가 돈을 그만큼 모아두었던 것을 알고 있었고, 그가 죽자마자 그 돈으로 장례를 치른 후 나머지 돈을 자신들이 나눠 가졌다는 것이다. 내가 장례식장에 가니 그분들은 내게 "시신을 염습해주신 건 고마운데, 이제 빠지십시오."라고 단호하게 말했다.

장례식장 직원은 내게 우스개로 "단장님은 참 바보 같아요. 그걸 왜 모르고 그냥 왔어요? 하하."라고 놀렸다. 설령 그걸 알았더라도 돈을 가져올 생각은 하지 않았겠지만, 나는 "야 이놈아, 집이 그래 생겼는데, 그 집 마루와 벽이 다 부서지고 깨져서 바람이 숭숭 들어오는데, 누가 거기 돈이 있을 거라고 생각이나 했겠냐?"라고 답했다. 어찌 됐든 고인이 남긴 돈 덕분에 죽자마자 가족이 쫓아와서 장례를 바로 치렀던 일이었는데, 이런저런 생각이 많아질 수밖에 없었다.

우리나라 사람들은 왜 이렇게 유산과 상속에 민감한가?

죽은 사람의 돈에 왜 그렇게 눈독을 들이는가? 알다가도 모를 노릇이다. 이쪽 일을 하면 유산에 관한 가족들의 온갖 천태만상을 다 볼 수 있다. 살아생전에 단 한번 찾아가 보지도 않은 사람들이면서 고인이 가진 돈을 탐내는 사람들은 얼마나 많은지…. 그것도 핏줄이라고 이해를 해야 할까?

연고는 결국 상속의 우선순위로 결정된다. 남은 가족이 고인을 욕하는 이유도 대부분은 유산이나 상속과 관련이 있다. 돈이 많은데 안타깝게도 고독사를 한 사례는 거의 없고, 물려줄 게 없는 사람들이 보통은 욕을 더 먹는다. 연고라는 것은 어떤 의미에서는 돈으로 결부된 것도 분명하다. 언젠가는 죽은 사람에게 무언가를 받을 가능성이 있으니까 관계가 유지되는 측면도 있다.

부모의 재산을 자식에게 주지 말라거나, 남은 연고자들에게 유산을 주지 말라는 소리는 못 하겠다. 그렇지만 아득바득 그걸 한 푼도 빠짐없이 주려 한다거나 탐내는 것은 문제가 아닐까. 거기다가 딸에게는 유산 하나 남기지도 않고, 남자만 우선시하고, 형제간에도 항렬에 따라 차등 배분하고 그러던 시절이 끝난 게 얼마 되지도 않는다.

더욱이 내리사랑이라는 미명하에 자기 재산을 자식들에게 무조건 다 퍼주는 건 지금도 내 주위에서 계속되고 있는 일이다. 세종시가 개발되었을 때 거기 땅을 가진 사람들이 보상을 많이 받았다. 나와 친한 지인들 역시 몇십억씩 받았다. 부모들이 그 돈을 지금 갖고 있겠는가? 자식들이 와서 다 무슨 핑계를 대고 가져가버렸다. 사업이든 아파트든, 무슨 이유로든 그네가 다 뜯어가서 없다. 부모님이 살아 계실 때도 그럴 정도인데, 죽어서는 완전히 전쟁판이 되는 경우도 많다.

무엇보다도 자식들이 먼저 사고를 바꿔야 한다. 부모의 인생은 부모의 인생이고, 자식의 인생은 자식의 인생이다. 부모가 자기 부모에게 받은 건 얼마나 될지 모르겠지만, 아무튼 현재 가지고 있는 그것은 부모의 재산이자 부모의 인생이다. 본인들은 본인의 인생을 살아야 할 것 아닌가. 농사를 짓든 뭘 하든, 자기가 자기 삶을 개척해야 할 것 아닌가.

나는 사십 대 중반에 암에 걸려 돈이 한 푼도 없었다. 병원비가 쌓여 살고 있던 집이 경매에 넘어갈 정도였다. 정말로 힘들었다. 그래도 부모가 되어서 자식이 원한다면 공부는 시켜주어야 할 터이니 아픈 몸으로도 하던 일을 계속했고, 아이들 둘 다 대학을 졸업한 뒤에 완전히 털어버렸다.

그리고 둘이 취직하고 난 다음엔 10원도 준 적이 없다.

결혼할 때와 집을 마련할 때도 돈 한 푼 안 보태주었다. 보태줄 돈이 있었다면 몰라도, 돈이 없는데 어쩌겠는가?

내가 물려줄 게 없어서 이런 생각을 하는 건지는 모르겠지만, 자식들이 부모 재산을 그만 쳐다보았으면 좋겠다. '부모님이 조금만 보태주었더라면 내가 성공했을 텐데….'라고 생각하는 마음을 고쳤으면 좋겠다. 그래야 자신의 발전이 있다. 나는 무작정 부모의 돈을 가져가서 성공하는 사람을 한 명도 보지 못했다. 부모의 역할은 고기를 대신 잡아주는 게 아니라 고기를 잡기 위한 법을 알려주고 밑밥을 마련해주는 정도에서 그쳐야 한다.

우리나라처럼 자식들에게 돈을 못 주어서, 어떻게든 재산을 더 남겨주고 싶어서 펄쩍펄쩍 뛰는 이 분위기가 언제쯤 바뀔지 모르겠다. 고인의 돈을 조금이라도 더 차지하기 위해 싸우는 것도 이해할 수 없는 일이고, 자기 핏줄에게 한 푼이라도 더 남겨주려고 아득바득 살아가는 것도 이해할 수 없는 일이다.

외국에서는 돈 많은 사람들이 통 크게 사회에 환원도 하고 기부도 하던데, 참으로 부러운 문화다. 그렇게 한 사회의 재정이 불어나야 사회가 탄탄해지고 그 구성원을 안정적으로 지켜줄 수 있을 것이다. 그처럼 자기 가족의 부를 대물

림하는 것보다 자신이 속한 사회를 위해 베푸는 게 낫다는 인식이 우리에게 가능하긴 할까? 가족이란 개념도 좋고, 뿌리 문화라는 게 나쁠 건 없겠지만, 넓게 보면 우리 사회 구성원들이 다 같은 핏줄과 한집안이라는 인식이 언제쯤 가능해질까?

부모와 연고는 내가 힘들 때 기댈 수 있는 등받이 정도의 역할만 하면 충분하다. 그 등받이에 언제든 편안하게 기대라. 그것은 인간이 줄 수 있는 가장 푸근한 관계망이다. 다만 거기에 기대니까 등을 떼기 싫어서 힘을 주고 비비다 보면 모든 것을 망친다. 유산과 상속 때문에 분란이 나고 탐욕스레 싸움이 벌어지는 건 정말로 불행한 일이다. 나는 가진 것이 없어 언젠가 이 사회에 통 크게 '한턱 쏘지' 못할 것이 아쉬울 뿐이다.

22장

가족은 그들을
잊을지라도,
우리는

어찌어찌 살아 있는 사람들이 외면한 죽음을 돌보는 일을 17년 동안 하고 있다. 그렇지만 이 일은 내가 힘이 닿는 한, 내가 죽을 때까지만 하는 일이 될 것이다. 이 일을 누가 대신할 수 있을까.

우리가 더 좋은 사회였다면, 나의 이러한 역할은 필요가 없었을 것이다. 내가 죽고 나서 시간이 흐르면 우리나라의 복지가 훨씬 더 좋아질 거라고 믿는다. 우리가 이젠 선진국이라고 해도 아직 가야 할 길이 멀었다. 살았든 죽었든 자국의 국민은 끝까지 제대로 책임을 지는 게 한 나라의 의무라고 믿는다.

내가 이 일을 처음 시작했던 2000년대 초반, 대구시에도 무연고 시신을 처리하는 사람들이 있었다. 계약직 공무원 두 분이었는데 한 분이 일을 그만두자 시에서 내게도 알음알음 연락이 왔다. 가서 시청 담당자를 만나보았더니 사람이 하도 안 구해지니까 봉사자 한두 사람만 부탁한다는 것이었다.

그래서 알아보니, 정말로 사람이 할 일이 못 되는 일을 공무원 두 분이 하고 있었다. 구청에서 시에 "우리 구에 무연고 시신이 발생했다"고 공문을 보내면 두 사람이 시신이 모셔진 관 하나를 1톤 봉고차에 싣고 팔공산 옆의 가매장하는 곳에 가는 것이었다. 그분들은 삽과 곡괭이를 가져가서 땅을 파고, 거기에 번호표를 써둔 관을 넣은 뒤 흙만 덮어놓고 묻고 왔다.

정말로 어처구니가 없었다. 그건 말 그대로 가매장 이상도 이하도 아니었다. 염습이나 수의는커녕 시신이 입은 옷 그대로 땅에 묻어놓는 식의 조치였다. 흙도 제대로 덮어두는 게 아니라 세월이 가면 시신은 다 드러날 수밖에 없었다. 나는 담당자에게 돈도 안 받고 봉사하는 사람이 삽과 곡괭이로 땅을 파서 시신을 묻으라고 하면 누가 하겠느냐고 물었다.

당시 장례법에는 무연고 시신은 가매장 및 봉안을 하라고 되어 있었다. 내가 "법에도 가매장 및 봉안을 하라고 했는데 왜 봉안을 하지 않느냐? 그렇듯 힘들게 매장하고 난 뒤엔 또 10년 뒤에 그걸 파내서 화장해야 하지 않느냐?"라고 물으니, 시에서 운영하는 화장장과 납골당의 협력이 없었다는 답이 돌아왔다. 하지만 공무원들은 그때까지 그런 면에 대한 고민을 전혀 하지 않았던 것 같다. 그냥 하던 대로 계속 일을 해왔던 것이다.

내가 '지금처럼 관 속에 시신을 대충 넣어서 가매장을 할 게 아니라, 시신을 잘 모시고 수의를 입혀서 화장하자, 그리고 봉안을 하자'고 얘기했다. 그러고는 내게 서류와 공문만 보내달라고, 그러면 내가 무연고 시신들을 돌보는 일을 하겠다고 제안했다. 다른 곳은 어떨지 모르겠지만, 대구는 그때부터 무연고 시신의 가매장이 스톱됐다. 요즘은 아마 다 이곳처럼 화장과 봉안을 할 것이다.

국가는 우리에게 정말 많은 것을 해줄 수 있다. 그러라고 만들어놓은 게 국가다. 설령 가족들도 외면하고 아무도 관심을 갖지 않는 무연고자라고 할지라도, 그들의 시체를 대충 땅속에 널브러뜨리지 않는 일은 사회와 국가만이 할 수 있다.

부모가 아니더라도, 혈연이 아니더라도 한 사람이 태어나면 국가에서 책임을 져야 한다. 죽을 때까지 그래야 하고, 죽은 후에도 그래야 한다. 그게 우리가 세금을 내고 이 사회를 만들어 살아가는 이유다.

우리는 병간호 몇 년에 효자 없다는 말을 알고 있다. 병원에 가서 간호하는 것도 하루 이틀이지, 못한다. 집에 치매 걸린 부모가 있다고 쳐보자. 이제는 집에 자식이 한둘 있는데 그중 한 사람이 부모를 돌보면 그네 가정은 무너져버린다. 그렇다고 부모가 치매 걸렸다고 버릴 건가? 못 버린다.

그러니까 우리는 의료보험이니 요양 인프라니 국가 돌봄이니 하면서 사회 시스템을 통해 서로서로 돕고 살아가는 장치를 마련해두는 것이다. 가족이 손쓸 수 없는 범위에 대해서 시스템을 작동시켜 상부상조를 하는 건 정말로 귀중한 일이다.

그렇다면 우리가 언제든 그렇게 사회적 약자 혹은 그들의 가족이 될 수 있다는 인식이 중요하다. 나는 치매 안 걸릴 거라고 자신할 수 있나? 나는 장애인이 되지 않을 거라고 자신할 수 있나? 나의 자식이나 나의 부모에게 그런 일이 벌어지지 않을 거라고 자신할 수 있나? 나는 가족들에게 힘든 짐이 되지 않을 거라고 자신할 수 있나?

서울에서 몇 년 전 장애인의 부모님들이 학교 짓는 일을 막는 지역주민들을 설득하려 무릎까지 꿇었던 일이 있었다. 그때 어느 부모가 눈물로 호소하자 특수학교 설립을 막는 그 지역 주민이 "당신이 알아서 해!"라고 소리치는 장면을 나도 보았다. 당신이 알아서 하라는 건 우리가 함께 살아가는 사회의 기초를 허물어뜨리는 말이다. 충격적이었다.

내가 불편한 게 싫고, 내 옆에 불편한 게 보이는 게 싫고, 나만 편하면 된다는 그런 이기주의야말로 진정 후진적인 것이다. 나와 내 가족이 누리는 당장의 이익만 도모하는 사람들이 우리 사회를 계속 좀먹고 있다. 그들은 한 치 앞을 내다볼 줄 모르는 어리석은 사람들이다.

국가가 없으면 그 누구도 사람답게 살아갈 수 없다. 그런 의미에선, 국가가 없으면 사람도 없다. 사람이 모여서 나라를 만들었지만, 나라가 있으므로 우리는 인간다운 세상을 누릴 수 있는 것이다. 나라다운 나라가 없어 고통받는 난민들의 삶을 생각해보라. 자기 나라가 없는 사람은 얼마나 천대를 받나.

그러니 우리가 세금을 내는 것도 정당하고, 국가가 그 세금을 받아서 자국의 국민에게 무한 책임을 져야 한다는 것도 정당하다. 잘살고 못살고를 떠나서, 국가는 자국의 국민들에게 교육과 의료, 주거 등 기본적인 삶의 바탕은 제공해주어야 한다. 우리나라도 그 정도로 잘살게는 되었다. 그리고, 국가 돈은 공짜가 아니다. 내 자식과 내 자식의 자식들이 갚아나가야 할 돈이다. 세상에 공짜가 어디 있나.

가끔 가까운 친구들이 '술 한잔 먹고 세금이 아깝네, 박정희가 우리를 먹고살게 해주었는데 요즘 사람들이 문제네, 복지 복지 하면서 공짜를 너무 좋아하네' 같은 소리를 하면 나는 역정을 낸다. 너는 지금 50년대 60년대 같은 소리, 줄 서서 강냉이 배급 타 먹던 시절 소리를 하고 있다고. 그게 언제 적 이야기인가. 박정희고 새마을 운동이고 뭐고, 그때는 고마웠을 수 있다. 그러나 지금은 그런 소릴 할 때가 아니라는 것이다.

물론 나라가 해주면 해줄수록 국민이 거기 기대는 심리라든지, 더 바라고 안 해주면 욕을 하고 그런 심리도 잘못일 거다. 그런 게 아주 없다고는 말할 수 없을 것이다.

그렇지만 기본은 하자. 가족들이 다 챙기지 못한다고 하더라도, 우리는 사회와 국가의 시스템으로 약한 이들을 제일 앞장서 보호하자. 그게 우리를 더 행복하게 만든다는 것을 잊지 말자.

23장

내가 잊지 못하는
그 공무원

유족들이 돌아가신 분의 시신 포기 각서를 쓰면, 법적으로 가족 단절이 성립된다. 그러면 시신은 국가가 책임을 져야 하고, 고인이 살고 있던 구의 구청장이 일을 해야 한다. 장사의 마지막 소관은 구청장이다. 국가의 행정 단위인 시와 구, 군이 마지막 연고자가 된다.

내가 감명 깊게 본 영화 〈스틸라이프〉의 주인공도 장사계 공무원이었다. 세상 사람 누가 자기 일을 알아주지 않더라도, 무연고 시신의 연고를 찾기 위해 애쓰는 어느 공무원이 주인공인 영화였다. 누구도 외로운 죽음을 맞지 않게 하려는 마음이 잘 드러난 작품이었다.

처음에는 다들 돌아가신 분을 외면하려고 하지만, 결국 그 공무원이 발 벗고 나선 덕분에 고인은 이승에서 따뜻한 마지막을 맞을 수 있었다. 영화는 내게 서양이나 동양이나, 어디서든 산 사람과 죽은 사람을 이어주려는 마음은 똑같을 거라는 생각을 하게 했고, 나처럼 아무도 혼자 죽지 않게 하려는 사람들이 어디에나 존재한다는 위안 같은 것을 주었다.

사람들에게 잊힌 누군가가 있더라도, 알고 보면 그는 그렇게 잊히고 외면받을 만한 존재는 아니었을지도 모른다. 누군가가 조금만 애를 쓰고 깊이 들여다보면 사람들은 그를 다시 알아챌 수 있고 추모의 마음을 전할 것이다. 나도 언제나 그런 희망으로 일을 하고 있다.

몇 년 전 이 영화의 주인공과 똑같이 나를 감동케 했던 공무원이 있었다. 그때는 수성구 범어3동 주민센터의 직원이었는데, 내가 생전 처음으로 구청장에게 직접 편지를 쓰기도 했다. 그 공무원이 더욱 잘되기를 바라는 마음에서였다.

어느 날 낮에, 어떤 사람이 집에서 사망했다는 연락을 받았다. 집에 가보니, 엄마도 지적장애인이고 형도 지적장애인이고, 죽은 동생도 지체장애인이었다. 내가 갔을 때는 동생이 죽은 지 한두 시간 경과된 후였는데, 엄마와 형이 자기 아들과 동생이 죽은 것을 모르는 상태였다. 들어가자마자 그 비좁은 집의 가난함에 마음이 답답했다. 거기다가 형은 하의를 다 벗고 그냥 허공을 보며 앉아 있었다.

그 집에서 나를 맞은 담당 공무원은 여성분이었다. 나이는 30대 후반쯤 되었던 것 같다. 시체의 냄새가 벌써 집 안을 채우고 있던 공간에서, 그녀는 태연하게 엄마 앞에 앉아 엄마의 손을 붙들고 있었다. 그 공무원은 엄마와 큰아들이 지적장애인인 걸 알고, 이미 그들과 오래도록 관계를 맺어왔던 것이다.

그뿐만이 아니었다. 자신의 차로 형을 3일 동안 데리고 다니며 동생 마지막 가는 길과 염하는 것을 다 보여주었다. 내가 시신의 염습을 한 뒤 형의 손을 꼭 붙잡고 슬픈 눈으로 함께 바라보던 그의 모습이 기억난다. 장례식장에서부터 화장하는 것과 납골하는 데까지 왔다 갔다 다 해주는 건 보통의 정성으로는 가능한 일이 아니었다.

나는 내가 좋아서 쫓아다니는 사람이다. 나 같은 사람은 무엇을 하더라도 다 내 의지에 따른 것이며, 이 일을 직업으로 삼아 밥벌이를 하는 것도 아니다. 그런데 그 사람은 그게 아니지 않나. 공무원으로서 해야 할 자기 일만 사무적으로 처리하는 게 아니라, 시체 냄새가 나는 그곳에 앉아서 유족을 돌보는 게 참 대단하다고 생각됐다.

내가 구청장에게 편지를 써 보냈더니 수성구청 비서실에서 전화가 왔다. 이왕 그렇게 말씀해주실 거면 대구시장의 표창장을 받게 해달라고 이야기를 했다. 그래서 내가 시청에 가서 그 공무원이 꼭 더 좋은 대우를 받게 되었으면 좋겠다고 말했다.

이후 그분이 진급했다고 어디선가 지나가듯 말을 들었는데, 어떻게 됐는지 잘은 모르겠다. 후일 그분에게 전화를 한 통 받기는 했다. 비서실에서 "단장님에게 전화나 한 통 넣어보라."라고 했던 것 같지만, 그분은 내가 시장에게까지 연락을 넣어드린 건 모르는 눈치였다. 그저 "그때 시신을 잘 수습해주셔서 감사합니다."라는 말뿐이었다. 나는 그 정도면 정말로 충분했다.

오랫동안 공무원들과 같이 일을 했다. 사실 공무원들에게 큰 기대를 할 수는 없다. 그들이 죽음의 현장에 나오는 일은 거의 없고, 현장에 나와보더라도 시신을 향한 예를 찾아보기는 힘들다. 시신 옆에 앉아 있으려고 하는 사람은 당연히 없고 다들 집 밖에 나와 있을 뿐이다. 병원도 올 리가 없다.

우리 봉사단에서 이리저리 뛰어다니며 뒷수습을 하면, 제대로 챙기지도 않고 대충 외면해버리는 경우도 많다. 내가 서류를 정리해서 보내주면 그걸로 끝이다. 공무원들은 그 서류들과 공문을 확인하고 결재한다. 공무원들에게 보통 누군가의 죽음이란 한 장의 서류로 남을 뿐이다. 일은 일이고, 또 서류로 오가는 많은 죽음을 챙겨야 하니 그러려니 하고 이해는 한다.

그렇지만, 그럴수록 죽음을 진정으로 돌보려는 공무원이 더 귀중하게 느껴진다. 내가 감동한 그 공무원이 부디 많은 후임과 후배들에게 여러 생각거리를 던져주고 있기를 바라게 된다.

24장

죽음에는 국경이 없다

요즘은 외국인들이 우리나라에 많이 들어와서 일도 하고 공부도 한다. 내가 사는 대구는 구미공단도 가깝고 해서 외국인 노동자들이 워낙 많아, 그동안 외국인들의 시신도 많이 수습해드렸다.

외국인도 여기서 죽으면 내국인처럼 모셔드리는 게 당연하다. 어느 나라 사람이든 죽음은 다 똑같이 슬픈 일이다. 빨리 가능한 도움을 드리고 본국으로 보내드리는 게 옳다. 신원만 확인되면 내가 적절하게 도움을 드리고 유족들과 함께 장례 절차를 치러드렸다.

그런데 신원이 확인되지 않아 시신 수습에 차질을 빚은 사례도 있었다. 몇 년 전 어느 중국인이 죽었다는 소식을 듣고 찾아가 보았다. 사실 주위에 있는 사람들이 그가 중국 사람이라고 말해주어서 중국인인 줄 안 것이지, 그가 중국 국적을 지녔다는 증거는 어디에도 없었다.

입국한 서류는 물론이요, 지문을 채취하고 신원 조회를 계속해봐도 아무런 결과가 나오지 않았다. 중국대사관에 연락했는데도 모른다는 답변뿐이었다. 그렇다고 한국 사람도 아니었다.

불법체류를 했더라도 언제 입국했다고 하는 서류는 있을 텐데, 어떻게 그런 서류가 하나도 없었을까. 입국장에 봐도 들어왔다고 하는 근거가 아무것도 없었다. 결국 시신을 그대로 방치할 수 없어 죽은 지 몇 달 만에 이럭저럭 화장을 해드렸다.

구미공단에 일하러 온 외국인 노동자 두 사람의 사산된 아이를 수습한 적도 있었다. 두 분의 사정이 어려웠는지, 태어나자마자 패혈성 쇼크로 사망한 아기를 화장도 하지 않고 포기해버렸다. 나는 커다란 양복 케이스에 담긴 작은 아기의 시신을 보고 망연자실했다.

나도 어린아이들의 시신을 염습할 때가 있지만, 그 일은 정말 하기가 싫다. 걱정 없이 천진난만하게 커나가야 할 아이들이 죽음을 맞이한다는 것 자체가 싫다. 삶과 죽음은 자연스러운 일이라지만, 지금도 TV에 아이들의 죽음이 나오면 꺼버린다. 두 외국인 아기의 시신도 힘든 마음을 억누르며 간신히 수습해서 화장을 했다.

작년이었다. 한국에 공부하러 왔던 2000년생 베트남 여

학생이 죽었다는 연락을 받았다. 갓 스물이 된 학생이었는데, 자가면역성 뇌염이라는 병에 걸려서 죽어버린 것이다. 너무 말라서 시신을 보는 것만으로도 마음이 안 좋았다.

거기다가 외국에 공부하러 보낸 자식이 죽어버렸다는 소식을 듣는 부모의 마음이 어땠을까. 참 안된 일이었다.

그래도 요즘의 스마트폰 환경이 좋은 게 있었다. 그 학생의 베트남 친구들이 장례식장에 찾아와서 염을 하고, 입관을 하고, 화장을 하는 모든 과정을 전화기로 어머니께 보여드렸던 것이다. 그들은 시신이 화구(火口) 안으로 들어가기 직전까지 전화기를 들고 베트남에 있는 유족들에게 그 모습을 보여드렸다. 고인의 어머니가 자식의 장례 장면을 보고 펑펑 우시던 전화기의 화면이 내 눈에도 보였다. 그 친구들이 화장한 유골함을 가져가서 베트남 대사관에 전했고, 그것을 대사관에서 본국으로 보내주었다는 말을 후에 들었다.

외국인이라도 수의와 관, 시신 안치와 화장 비용 등은 똑같이 들어간다. 다를 건 하나도 없다. 우리 기초자치단체들도 공영 장례라고 해서, 내외국인 가릴 것 없이 무연고 시신의 장례를 점점 더 지원해주는 방향으로 가고 있다. 베트남 여학생이 머물던 구청에서도 무연고 처리를 해주어서 장례비도 나오고, 모자라는 돈은 우리가 보태서 일을 마무리할 수 있었다.

물론 국내에서 죽은 외국인이 불법체류자일 경우에는 역시 지원이 쉽지 않다. 그래도 관에서 나서서 적극적으로 수습에 필요한 서류 준비와 대사관 및 유족 협의 등을 도와드리는 일은 얼마든 가능하다. 설령 불법체류일지라도 죽은 자를 향한 존엄과 추모의 마음은 태가 난다.

몇 년 전, 베트남에서 건너와 불법체류자가 되어버린 형과 합법적인 비자를 받아 일을 하던 동생이 있었는데, 형이 한여름에 사망해버렸다. 베트남에서 온 동료 노동자들이 십시일반 돈을 모아 장례를 잘 치러드릴 수 있던 것도 다행이었지만, 대구시에서 동생과 협의하여 시신 수습과 장례 절차를 빠르게 도와드렸던 건 참 보기 좋았다.

나도 베트남인들이 모아준 돈 중에서 최소한의 비용만 받고 시신 수습을 도왔다. 그분들이 후에 베트남 사람들이 모이는 자리에까지 나를 초대해 감사를 표해주기도 했다.

그렇지만 불법체류가 아닌데도 공문 하나 보내는 일을 꺼리면서 두 달이나 시신을 차갑게 방치하는 경우도 있었다. 세 살짜리 아들을 둔 어느 중국 한족 청년의 경우가 그랬다. 나는 덮어놓고 관을 욕하는 사람은 절대로 아니지만, 그 일은 도저히 참을 수가 없었다.

들어보니, 스물여섯이었던 그 청년은 중국과 우리나라를 잇는 취업 브로커에게 속아서 3천만 원 빚을 내고 한국에 온 것이었다. 한데 취직도 안 되고, 몸이 안 좋아서 육체노동도 못 하고, 조선족이 아닌 한족이니 한국말도 안 돼 무엇도 할 수 없었다고 했다. 그래서 그는 자살을 선택했다.

중국으로 그의 죽음을 전하니, 아버지와 부인이 우리나라로 건너왔다. 나를 보고 내 손을 붙잡으며 펑펑 우시던 그 모습에 마음이 너무 아팠다. 그들은 구미에 아는 사람이 있어 중국과 대구를 왔다 갔다 하면서 장례를 기다리고 있었는데, 담당 구청 직원들이 일을 질질 끌더니 결국 두 달이 넘어서 화장을 해드렸다. 그게 말이 되는 일인가?

그분들이 중국에서 가져온 옷을 시신에 입혀드리고 장례를 치러드렸는데, 공문 하나 보내면 되는 걸 보내지 않고 국경을 건너온 유족을 기다리게 했던 구청에 대한 분노는 쉬이 가라앉지 않았다. 그러고서는 나중에 구청에서 외국인 장례를 치러 보내드렸다는 신문기사까지 난 걸 보고는 어이가 없었다. 도대체 고인과 유족에 대한 기본적인 예의와 양심은 어디에다가 내팽개친 건지….

외국인이 한국에 와서 죽으면 참 안타깝다. 보통은 우리보다 못사는 나라의 사람들이 건너와 이 나라에서 사고를 당해 죽는다. 타국으로 돈을 벌려고 떠났는데 거기서 죽어버리면 고향에 있는 형제와 가족들, 핏줄들의 기분이 어떨까.

실제 우리나라가 외국인이 아니면 못 이끌어나가는 현실이 있지 않나. 힘들고 험한 일은 지금도 우리나라 사람들이 아니라 다 외국인들이 하고 있다. 우리나라도 이들의 장례를 치러주고 유골을 정리해 외국으로 보내는 일을 안 하는 건 아니지만, 여전히 자국민이 아니라고 너무나 소홀히 처리하는 관청들이 많다.

죽음에는 국경이 없고, 죽음의 슬픔은 국적을 떠나 다 똑같다. 부디 우리와 다른 국적의 사람들이 이 땅에서 죽었을 때, 그 죽음을 지금보다 더 성심껏 돌보는 분위기와 시스템이 마련되길 바랄 뿐이다.

25장

베이비붐 세대가
가장 나쁜
인간들이었다

베이비붐 세대라고 많이들 말을 한다. 한국전쟁 이후 1950년대 중반부터 1960년대 초반까지 태어난 사람들을 가리키는 말이다. 나도 1953년 한국전쟁 직후에 태어났으니, 베이비붐 세대의 맨 앞자리를 차지하고 있는 사람 중 하나일 것이다.

그리고 내가 가장 많이 수습하는 시신들은, 딱 50대 후반부터 60대 초반쯤 되는 분들의 시신이다. 즉, 거의 정확하게 베이비붐 세대의 사람들 시신이다. 안타깝지만 내가 베이비붐 세대에 관해 갖고 있는 인상은 아주 좋지 않다. 나는 이 세대가 우리 사회에서 가장 나쁜 짓을 많이 한 사람들이라고 말하고 싶다.

그게 무슨 억지스러운 말이냐고? 그렇다. 조금 억지스러울지도 모른다. 그렇지만 내 생각은 변함없다. 그중에서도 이 세대의 많은 남자들이 정말로 나쁜 사람들이었다.

우리한테 오는 시신은 여자보다 남자가 훨씬 많다. 나쁜 짓은 남자가 훨씬 많이 했고, 가정을 버리는 건 그중에서도 가장 흔한 악행이다. "저 사람이 우리 아버지이지만, 저 개○○는 우리 아버지도 아닙니다, 내가 어렸을 때 우리 어머니와 나를 버려두고 도망갔는데 뒤졌다고 연락이 오면, 저게 내 애비입니까? 왜 내가 저 시체를 봐야 합니까?" 그들의 자식들에게 이런 이야기를 얼마나 많이 들었는지 모른다.

베이비붐 세대의 사람들이 아주 어렵게 컸다고 많이들 그런다. 내 생각은 다르다. 나를 포함한 베이비붐 세대는 실제로는 참 복 받은 사람들이었다. 어릴 때는 힘든 걸 모르고 컸다. 그때는 부모들이 고생했지 내가 고생한 건 아니었다. 우리가 커서 성인이 되었던 1970년대 중반 시절부터는 이 나라에 일자리가 엄청나게 많았다. 무슨 일을 하든 먹고살 수가 있었다.

그렇게 돈을 벌고 가정을 꾸리고 1980년대 중후반 즈음이 되고, 그 세대의 남자들이 30대 중반에서 40대가 되니까, 이제 다들 나쁜 짓을 하기 시작했던 것이다. 가정을 버리고 바람피우고 이리저리 싸돌아다니고…. 그러니 가정에 돌아올 수 있겠나? 돌아온들 가족 중에 누가 좋아할 것인가? 그러다 보니 꼼짝없이 고독사를 한 사례들이 정말 많다.

어느 무더운 여름이었다. 혼자 살던 남성이 죽었다고 해서, 시신 운구차를 타고 그곳으로 갔다. 그런데 어느 아주머니가 와 있었다. 고인과는 이혼했던 전 부인이었고, 고인은 남의 여자와 도망갔던 전남편이었다. 재산을 홀랑 다 털어먹고, 그 여자도 도망가고, 혼자 살다가 죽은 것을 이 여자분이 다 보고 있던 것이었다.

내가 방에 들어가니 그 전 부인께서 이미 몸을 닦고 얼굴을 씻기고 옷을 입혀서 눕혀둔 상태였다. 여름인데 방에 불을 때고 시신에 홑이불을 덮어두었다. 그러면 시신이 상해서 서둘러 치웠지만, 그 방법은 어떻든간에 그분께는 참 고마웠다. 자신과는 이제 아무런 관계도 없는 사람인데, 단지 아이들의 아버지일 뿐인데….

내가 "저희들이 해야 할 일을 해주셔서 감사합니다."라고 말씀드리니, 그 아주머니가 하시는 말씀이 그래도 자기가 할 일이라는 것이었다. 얼마나 고마운 사람인가. 죽은 사람에게 욕을 해야 마땅한 순간이었지만 아무 말도 하지 않았다. 우리는 봉사하기 위해 거기 갔을 뿐이니까.

그분은 내게 아들이 둘 있지만, 아들들은 부르기가 싫다고 말했다. 자기 혼자서 그것을 감당했으면 한다고. 아들들이 자기 아버지를 싫어하고 욕을 한다고. 나는 그 마음이 충분히 이해가 되고 망자가 미워졌다.

최근에는 어느 여성이 돌아가셔서, 서류상 그 남편으로 등록된 분께 시신 처리에 필요한 도장을 받으러 갔던 일이 있다. 그런데 그가 이리저리 눈치를 살피면서 쉬쉬했다. 같이 사는 부인이 따로 있는 것이었다.

내가 물었다. "어르신, 지금 같이 지내는 분이 고인과 혼인 관계가 되어 있는 걸 모릅니까?" 그가 모른다고 답했다. 그는 지금 같이 사는 부인을 속인 채 살고 있었다.

죽은 아내가 이혼을 안 해주니까 그렇게 됐던 것인지는 몰라도…. 고인의 통장에 천만 원이 넘게 있었는데, 그걸 그냥 드리고 왔다. 그리고 이 말은 하고 왔다. 혼인신고를 지금이라도 하시라고. 지금 같이 사시는 분도 돌아가시면 유족도 없이 무연고가 되어 공중에 붕 떠서 장례를 못 치르게 될 거라고.

우리 세대에는 남자라고, 불알 두 쪽 찼다고 아무것도 아닌 인간들이 얼마나 유세가 심했는가. 나도 그 세대에 태어난 남자여서 많은 한계가 있었겠지만, 그러지 않으려고 노력은 했다.

이런 썩을 문화가 언제쯤 끝날지 모르겠다. 옛날에도 그러진 않았다. 우리 조상들은 조선조 중기만 하더라도 여자나 남자나 유산을 똑같이 배분했다. 우리, 다 배우지 않았나. 그게 조선 후기에 들어와서 상속도 안 해주고 인간 취급을 안 하니까 그때부터 남자가 여자 위에 올라와버린 것이다.

도산서원에서 공부하며 맺은 인연으로 유림들이 불천위(不遷位)★제사를 지내는 걸 많이 보았다. '불천위'라는 건 어느 가문에다가 나라에 큰 공을 세운 사람의 제사를 지내라고 임금이 인정해준 것이다. 즉, 과거 조선조에서 가장 권위 있는 제례라고 할 수 있다.

거기 가면 여자들도 제사를 똑같이 지내고, 그들도 남자와 똑같이 제사의 일원으로 참여했다. 그런 집에 가면 절대 여자라고 무시를 안 한다. 꼭 전통을 제대로 배우지 못한 인간들이 전통, 전통, 하면서 자기 편한 대로만 전통을 굴렸던 것이다. 그러다가 불알 두 개 차고 도망가서 딴살림을 차리고….

요사이에는 부부끼리도 존칭을 쓰고, 남성과 여성이 평등하게 함께 살아가는 가정들이 많은 것으로 알고 있다. 참 좋은 일이다. 베이비붐 세대, 그중에서도 그 세대의 남자들이 가장 나쁜 놈들이었다는 것을 기억하라. 당신들의 부모가 얼마나 잘못 살았는지를 명심하고, 그 잘못을 반복하지 말라.

★ 예전에, 큰 공훈이 있어 영원히 사당에 모시기를 나라에서 허락한 신위(神位).

26장

제사란
무엇인가

요즘 젊은 사람들에게 제사는 별로 인기가 없는 의례인 걸 잘 알고 있다. 생전에 한 번도 못 본 조상을 기리는 게 과연 무슨 의미가 있단 말인가, 한시바삐 없어져야 할 구습(舊習)이다, 이런 원성도 잘 알고 있다. 과연 우리는 제사를 어떻게 생각해야 할 것인가?

우리 집안도 11월 첫째 주 토요일에 산소에 모여 묘사(墓祀)를 지낸다. 모든 조상들의 제사를 한날에 몰아서 함께 모시는 것이다. 제물을 따로따로 차리는 게 아니라 한 상에 올려드리지만, 무엇을 번지르르하게 준비해 올리는 것도 아니다. 과일과 포(脯)와 술, 그리고 저마다 부모님이 좋아하셨던 음식들만 간소하게 챙기고 친지들과 모여 조상들에게 인사를 드린다.

그렇지만 이걸 언제까지 할 수 있을지는 내 소관이 아니다. 나도 이젠 다 큰 아이들에게 훗날 네가 부모님만 지내고 싶으면 그렇게 하라고 말한다. 옛날과 지금 내가 이렇게 했고, 지금도 하고 있으니 너희도 그렇게 하라고는 강요하지 않는다. 나는 그저 내가 할 수 있는 만큼만 해놓고 간다고 말해준다.

사람은 누구나 생각을 하는 존재가 아닌가? 그러니 제사를 지내고 말고는 그들이 판단할 것이다. 나는 다만 아이들에게 제사를 지내고 산소를 찾아가는 옛사람들의 뜻을 알려주고 싶었을 따름이다. 이제 제사가 유지될지 아닐지는 다가올 세대의 몫이다. 나는 내 몫을 하고 거기에 묻히면 된다.

나는 2009년 경북 안동의 도산서원 선비문화수련원에서 전통예절지도사 자격증을 취득했다. 전통예절을 공부하는 것도 좋아했고, 거기서 맺은 유림들과의 인연은 지금까지도 계속되고 있다. 그렇지만 제사를 고정된 예의의 관점에서 접근하는 것만큼 어리석은 것은 없다고 생각한다.

지금도 보통 조상님들 제사를 지낸다고 하면 4대 고조까지 지내는 집안이 많을 것이다. 그러나 그게 제사의 유일한 정답 같은 것은 아니다. 사실은 정반대다. 고조까지 지내는 제사는 본래 이 땅에 존재하지 않았다는 것을 아는 분들이 얼마나 계신지 모르겠다.

옛날 우리 사회의 제사는 아주 단출했다. 자기 부모님의 제사만 지냈다. 그때는 단대만 지내도 예의에 어긋난 일이 아니었다. 아니, 그것이 곧 예절이었다.

그렇지만 조선시대에 들어오고 왕족이 4대 봉제사(奉祭祀)★를 지내면서 모든 게 바뀌었다. 사대부(士大夫)들이 사실 가장 더럽고 아니꼽게 생각하던 게 왕 아니었나. 왕이 4대를 지내면 우리도 해야 한다고 따라 하며 사대부들의 집안에도 4대 봉제사가 자리 잡았다. 그러니 돈 많은 중인(中人) 집안도 왕족과 사대부를 따라 했고, 서민들도 '그렇게 4대를 안 지내면 예의가 없는 건가? 내가 뭘 잘못하는 것인가?' 싶어서 서민들 집안에도 4대 봉제사가 확산됐다.

그렇다면 누가 누구를 무식하다거나 배움이 없다거나 할 수 있는 것인가? 옛날처럼 단대를 지내는 사람이 어딜 가서 말도 못 하거나, 몇 대까지 지내는 것이 옳다며 다른 사람의 집과 비교를 하는 게 타당한 것인가? 4대 봉제사만 지내는 사람이 무식한가, 아니면 부모님의 제사만 지내는 사람이 무식한가?

제사를 적게 지내는 것도 답이 아니다. 많이 지내는 것도 답이 아니다. 최소한 열 번 이상 지내는 사람도 옳다. 한 해에 한 번만 지내거나 한 번도 지내지 않는 것도 틀린 게 아

★ 조상의 제사를 받들어 모심.

니다. 과거처럼 남성이 우월하고 남녀차별의 성격이 짙은 제사도 그 나름의 가치는 있었겠지만, 과거보다 훨씬 더 남녀가 평등하고 여성이 주인이 되는 제사도 가능하다.

중요한 것은 제사의 본질이다. 제물이 무엇이니 언제 어떻게 지내느니는 모두 지엽적인 것일 뿐이다. 제사가 우리에게 주는 본질을 알아야 그것을 현대에 맞춰 살려갈 수 있을 것이다.

무엇보다도, 옛날의 환경과 지금의 환경은 많이 다르다. 특히 젊은 사람들이 제사에 대해 갖는 거부감도 이 때문이리라. 옛날에는 4대가 한집에 살았던 경우가 많았으니 4대까지 기리는 제사도 자연스러웠다. 지금은 그렇지 않은데도 과거의 전통만 무작정 고집하는 것은 어리석은 일이다.

물론 젊은 사람들 중에서도 우리의 유교적 예의범절을 배우려는 사람이 있다. 과거의 전통은 소중한 것이고, 그것을 원하는 사람은 얼마든지 해도 된다. 내가 그렇듯 그것을 당장에 엎을 필요도 없을 것이다. 가긴 갈 거지만, 영원히는 안 갈 것이다.

그렇다고 제사가 과거 우리에게 지녔던 의의를 아예 폄하해버릴 필요도 없다. 제사는 과학적으로 따졌을 때 나와 피가 거의 섞이지 않은 조상들일지라도 이런 분들 덕에 내가 태어났다는 것을 감사해하고 되새기는 날이다. 먹고살기 어려웠던 시절에 평소 먹기 힘든 귀한 음식들을 많이 먹고 영양분을 보충하는 의의도 있었다.

더욱이 제사가 가족의 구심점이었다는 건 부정할 수 없는 사실이다. 지금도 그렇다. 제사는 가족을 모이게 하는 하나의 관습이자 형태다. 제사가 없으면 가족이 모이지 않는다. 그런 모임이 꼭 제사 때문이 아니어도 되지만, 먼 예전부터 내려오던 관습을 대체하는 것은 그리 쉬운 게 아니다. 날짜를 잊지 않고 나와 핏줄과 연고를 나눈 친척들의 안부를 묻는다는 건 여전히 귀중한 일일 것이다.

그렇지만 한 번도 안 본 조상을 두고 모시네, 안 모시네, 싸우는 건 이해할 수 없다. 요즘은 산소에 가기도 힘들고 벌초하기도 힘든 시절인데, 같이 살아본 적도 없는 조상의 제사를 내 아이들에게 무턱대고 모시라 강요하는 건 서로에게 피곤한 일이다.

괜히 없는 반감 일으키게 하지 말고, 지금 산 사람들이 직접 보았던 조상까지만 제사를 지내드리는 건 어떨까. 저 먼 조상님들은 이젠 이승에 내려오시기도 힘들 거다. 죽은 사람은 제사를 지내는지 안 지내는지를 모른다. 그건 산 사람들만 아는 산 사람들의 놀이다. 이왕에 그렇다면, 산 사람들의 행복을 제일 먼저 추구하는 제사가 되는 게 옳다.

그래서, 제사란 무엇인가. 제사는 자신의 삶과 자기 주위의 관계들에 감사해하는 마음이며, 그들과 오래도록 행복하게 살겠다는 다짐이다. 그것이 아닌 제사는 모두 의미 없는 허례허식일 뿐이다. 나는 그것만은 잘 알고 있다. 내가 살아 있는 내 핏줄들과 우애와 배려를 나눈다면, 굳이 이승까지 나들이를 하지 않더라도 조상들은 우리를 흐뭇하게 바라보고 있을 것이다.

27장

명당은 '좌택시 우버스 1분' 이라는 걸 잊지 말길

우리 집안은 아버지와 그 형제들이 전쟁통에 내려와 처음 자리를 잡은 자리, 충남 부여 인근에 산소를 만들어놓았다. 내 어머니와 아버지도 화장하고 그 땅에 뼛가루를 땅에 묻었다. 그곳 삼백 평 땅에는 봉분도 없고, 비석도 없다. 초록색 풀과 나무들이 가득한 평장(平葬)이다.

그래서 11월 첫째 주의 묘사 때 조카들이 모이면 거기서 다 같이 공도 차고 뛰어놀고 그런다. 평평한 땅이라 풀도 기계가 후루룩 치워버릴 수 있고, 차도 묘소 바로 옆까지 올 수 있다. 이곳이 우리 집안의 산소라는 건 앞쪽에 표시석(表示石)을 보고서야 알 수 있다. 표시석 전면에는 〈가족이 쉬는 곳〉이라는 글귀 한 줄이 적혀 있다. 친지들을 설득해서 내가 정한 문구다.

장례지도 공부를 할 때 우리나라에서 자연장(自然葬)이 처음 도입되었던 게 경북 영천의 '인덕원'이라는 사실을 알았다. 경주 최씨 집안사람 중 한 명이 일본에 살다가 한국에 왔는데, 그 나라에서 배운 산소 문화를 우리나라에 들여온 것이다. 그걸 조성할 때 나도 따라다니면서 구경도 하고 배우기도 했다. '아, 이런 현대화된 산소 문화가 있었다니, 참 좋구나. 그러면 우리도 해야 하지 않나?'라는 생각이 들었다.

지금은 돌아가신 형님에게 그걸 보여드리면서 우리도 이렇게 하자고 제안을 했다. 우리 대(代)까지는 산소를 관리하고 그걸 잘 이끌어가야 하겠지만, 아이들에게 물려줄 때는 최대한 편하게 해주는 게 좋지 않을까 하고 의견을 물었다. 그래서 흔쾌히 승낙을 받고 우리 집안의 산소도 그렇게 조성했다.

옛날 산소는 대부분 산 위에 있었다. 그 시절의 명당은 좌청룡(左青龍) 우백호(右白虎)에, 앞에는 물이 흐르고 뒤에는 산이 있는 자리였다. 그것이 자손에게 좋은 영향을 미치고 복을 불러다주고, 그런 등등의 말들이 참 많았다.

지금은 어떤가? 그런 장소가 명당인지 아닌지는 몰라도, 그렇게 기슭에 있는 공간은 정기적으로 관리를 하지 않으면 엉망이 되기 십상이다. 요즘은 자손이 편하게 관리할 수 있고 여유롭게 가볼 수 있는 곳이 명당이다.

나는 이 시대의 명당이란 '좌택시 우버스 1분'이라고 말하고 싶다. 자식들이 차를 딱 세워두고 다녀올 수 있는 그 자리가 명당이다. 요즘 젊은 사람 누가 후미진 산꼭대기에 올라가고 싶어 하는가?

살아 있는 사람이 가장 가깝고도 편하게 갈 수 있는 곳이 명당인 것이다. 그래서 시내에서 가까운 납골당도 참 좋다. 장묘산업이 발전한 이유도 바로 그것이다. 후손들이 가기 편한 곳이 제일이다. 안 편하면 안 찾아본다. 그러면 제아무리 세상 최고의 명당이라도 아무 쓸모가 없다.

산소란 무엇인가? 앞서 말한 제사와 다를 바가 없다. 내 핏줄을 기리고, 나를 세상에 태어나게 해준 사람들에 대한 고마움을 되새기려 찾는 공간이다. 그러니 조상네 산소는 영원히 간직할 필요도 없다. 나와 까마득하게 먼 조상이라면, 산소를 찾아뵙고 느낄 수 있는 고마움을 이제 그만 내려놓는 게 맞지 않을까?

가끔 주위에서 이장(移葬)을 알아보며 전화하시는 분들이 있다. 나는 이장을 하려는 이유를 묻는다. 보통은 자기 소유의 산을 사려고 하는 사람이 이장해달라고 한다거나, 풍수를 하는 사람들에게 이장의 권유를 받거나, 또는 산의 꼭대기에 산소가 있어 벌초하러 다니기 힘드니까 이장을 생각한다는 말씀을 하신다.

나는 내 생각을 말씀드린다. 혹시 묘 앞에 표시석이나

비석이 있는지를 여쭙는다. 있다고 하면, 그 앞에 땅을 파서 묘나 표시석을 땅에 묻어버리라 일러드린다. 그럼 그 산소가 누구 것인지 모를 거다. 거기서 술 한잔 드시고, 할아버지 할머니 몇 대조(代祖)가 되었든 "저희들이 이젠 못 찾아뵙겠습니다. 저희 찾아오지 않는다고 너무 섭섭하게 생각하지 말고 노여움을 푸십시오. 밑에서 저희가 절을 올리겠습니다." 하고 내려오라 조언한다. 이때까지 잘 계신 조상님들 땅 파헤치지 말고 돈 들이지 말라고, 아래에서 명절날 함께 절을 드리면 그 제물을 흠향(歆饗)한 뒤 올라가실 거라고 말씀을 드린다.

지금 경주에서 고고학자들이 신라시대 때 무덤을 출토하고 연구를 한다고 누가 뭐라 하나? 우리나라에서 산소 다 허물고 아파트 짓고 했는데 거기 사는 자손들은 다 없어지고 흉한 일만 생겼는가? 말도 안 되는 소리다. 그럼 우리나라 인구는 하나도 없어야 한다.

사람은 자연으로 돌아가야 하고, 그게 맞는 일이다. 그걸 부정해서는 안 된다. 그걸 이용해서 돈을 벌려는 사람들 말을 절대로 들을 필요가 없다. 진짜로 귀한 명당이 있다면 풍수지관(地官)*이 왜 다른 사람에게 그 자릴 주겠는가. 자기 조상들을 거기 모셔두고 자기 자식들이 잘되게 했을 것이다.

누가 내게 명당을 물으면, 나는 개나 소한테 물어보라고 우스개를 하곤 했다. 소가 촌에서 풀 뜯다가 쉬는 곳이 최고의 명당이다. 또 개가 뛰어놀다가 앉아 꾸벅꾸벅 조는 뒷동산이 최고의 명당이다.

그리고 소나 개는 수맥 위에서는 안 잔다. 거기 누워 자면 몸이 무겁기 때문이다. 물이 흐르는 곳에 시신을 묻으면 부패가 늦게 되니 좀 안 좋을 뿐이다. 개와 소는 정확하다.

좋은 명당이 따로 있는 게 아니다. 햇볕이 따뜻하게 쬐고 바람이 잔잔한 곳이라면 어디든 그곳이 가장 좋은 명당이다. 돌아가신 분이 당신의 마음에 계속 남아 있을 수 있는 곳, 당신이 자주 찾아뵐 수 있는 곳. 그곳이면 명당의 조건으로 충분하다. 좌청룡 우백호의 시대는 이미 지나간 지 오래다.

★ 풍수설에 따라 집터나 묏자리 따위의 좋고 나쁨을 가려내는 사람.

28장

전통과 형식보단
인간에 대한
존중이 먼저다

이 책에서 내내 강조했던 것이지만, 생과 졸은 그 근본에선 하나로 붙어 있다. 그러니 죽은 자에 대한 예의는 산 사람에 대한 예의와 똑같이 하면 된다. 죽은 사람만을 위한 예의 같은 건 따로 존재하지 않는다.

누군가는 죽은 사람은 옷고름도 반대쪽으로 해야 하고, 시신의 손도 합장할 때 살아 있을 때와 반대로 두어야 한다는 식으로 말하기도 한다. 그래서 그렇게 하는 이유가 무엇인지 내가 물으면 삶과 죽음이 반대니까, 예전부터 그렇게 시키더라는 식의 답밖에 돌아오지 않는다.

나는 구태여 그렇게 하지 않아도 된다고 생각한다. 지금이 시대에 맞게 하나의 형태로 만들어가면 된다. 과거의 전통도 다 과거의 사람들이 만들어놓은 것이다. 무슨 객관적인 게 있는 게 아니라 처음 만들어놓은 사람들이 자기 기준에서 만들어두었던 것뿐이다.

우리 조상들은 빈소에 향을 피웠다. 왜 향을 피우는 전통이 생겼는가? 옛날에는 장례식장의 안치실 냉장고에 시신을 보관한 게 아니라 집에서 보관했다. 향을 피움으로써 시신의 부패를 막고, 벌레가 안 꼬이고, 냄새를 막기 위해서 향을 사용했던 것이다.

옛날 어른들은 향불이 꺼지면 안 된다고 했다. 향불의 연기는 죽어서 혼이 저승을 가는 길이며, 그 향불이 꺼져 연기가 없으면 저승 가는 길을 잃어버린다고 얘기했다. 그렇지만 그 연기가 저승 가는 길인지 아닌지를 누가 알 수 있단 말인가. 저승에 다녀온 사람이 아니라면 아무도 모를 것이다.

과거의 전통과 관습 같은 것에 매달릴 일이 아니다. 향을 피우는 전통은 그것대로 지켜가되 무작정 그 전통만이 옳다고 고집하는 것은 틀린 것이다. 그것보다는 내 주위의 살아 있는 사람에 대한 존중이 먼저다.

내가 무연고 시신의 가매장 절차를 화장과 봉안으로 바꾸었던 것도 그런 마음 때문이었다. 살아 있을 때도 살아 있을 때지만, 자신이 죽은 뒤에 자기 육신 하나 처리하지 못할까봐 두렵다는 말을 외롭게 사는 노인분들께 자주 들었다. 자기가 죽은 뒤에 누구에게도 폐를 끼치지 않았으면 좋겠다는 말도 참 많이 들었다.

아직 살아 있는 분들의 그런 마음이 있는데, 우리가 그분들의 시신을 제대로 수습도 해드리지 않고 입던 옷 그대로, 땅을 파서 대충 묻어버리는 것은 고인에게 욕된 일이 아니었을까. 그건 마치 사회가 연고가 없는 시신을 억지로 치워버리는 것과 같은 건 아니었을까. 보건 방면으로 생각했을 때도 영 잘못된 것은 아니었을까. 연고가 있는 사람들처럼 제대로 하진 못하더라도, 적어도 누군가는 수의를 입혀드리고 술 한잔 올려드리는 게 맞는 건 아니었을까.

남의 집 제사에는 감 놓아라, 배 놓아라 하지 말라는 속담이 있다. 나는 그 속담이 정말로 정확하다고 생각한다. 옛날 어른들이 해왔던 것을 무조건 부정할 필요는 없지만, 모두가 하나의 관습이자 형식일 뿐이다. 살림이 안 좋다면, 냉수 하나 떠놓고 제사를 지내도 무방하다.

조율이시(棗栗梨柹)★나 홍동백서(紅東白西)★★가 중요한 것이 아니다. 그런 거 다 하지 않아도 된다. 어머니나 아버지의 제사를 지낼 때의 제물로는 부모님이 가장 좋아하셨던 것을 올리면 된다. 그러면 충분하다.

★ 제사의 제물을 진설할 때, 왼쪽부터 대추·밤·배·감의 차례로 차리는 격식.

★★ 제사상을 차릴 때에 붉은 과실은 동쪽에 흰 과실은 서쪽에 놓는 일.

나는 지금도 그렇게 한다. 우리 어머니가 참외와 닭을 참 좋아하셨다. 그래서 제사를 지낼 때 참외와 닭을 무조건 올렸다. 왜? 어머니가 좋아하셨으니까.

아버지는 포도를 많이 좋아하셨다. 지금은 포도가 많이 나지만, 아버지 돌아가실 때는 포도가 참 귀했다. 그래서 포도를 올린다. 친지들은 참외와 포도를 왜 올리느냐고 묻지만, 어머님과 아버님이 그 과일을 참 좋아하셨다고 얘기하며 꿋꿋하게 올린다.

제사상에 김을 올리는 사람, 갈치를 올리는 사람도 다 옳은 것이다. 내 가족이 좋아했던 음식을 기억하고 그것을 되새기기만 하면 된다. 제삿날은 그런 날이다.

집집마다 지내는 풍습과 제물이 다른 것도 자연스럽다. 시간이 지나서 내가 죽고 내 손주가 "왜 이걸 올려요?"라고 아빠에게 물었을 때, 그럴 때 "할아버지가 좋아하셨던 거니까."라고 답해줄 수만 있으면 된다. 그 아래로 가면 제사상의 음식은 바뀌어도 무방하다. 위에서부터 해오던 거라고 그냥 똑같이 지낼 필요는 없다는 뜻이다.

나는 제사 때문에 힘든 사람이 생기는 것도 이해할 수 없다. 종손인 형님이 돌아가신 후 2년 정도 우리 집에서 제사를 지냈다. 그런데 몇 년 전에 아내가 이젠 일이 힘들다고 산소가서 절을 하면 어떻겠느냐고 내게 제안했다. 나는 그 자리에서 그러자고 했다. 그리고 이젠 산소에 가서 참외와 포도, 닭 한 마리와 포를 올리고 술 한 잔 모시는 정도에서 그친다.

형식이 중요한 게 아니다. 제사상엔 고인이 제일 좋아했던 걸 올리면 된다. 다른 것이 뭐가 필요하나? 그리고 나와 함께 살아가는 마누라가 최고지 뭐 답이 있나? 나이 든 사람들에게 강의하러 가면 이런 말씀을 드린다. 이거보다 더 정답이 어디 있나? 무엇보다도 살아 있는 사람에 대한 애정과 예의가 먼저 아닌가?

언젠가 거리를 걷다가 동성애와 동성결혼을 인정하라는 피켓 시위를 본 적이 있다. 같이 가던 친구가 마구 비난을 퍼부어서 내가 그에게 소리를 쳤다. 아니, 그냥 놔두라고. 자기 삶인데 싫으면 너나 하지 말라고. 저렇게 자기 목소리를 내는데 보통 결심이 아닐 것 아닌가? 그럼 그거 존중을 하는 게 맞는 것 아닌가?

살아서 목소리를 내는 사람을 부정할 필요는 없다. 억지로 반대할 필요도 없고, 억지로 찬성할 필요도 없다. 그건 그 사람의 삶이다. 내 삶의 가치관과 맞지 않는다고 해서 내 시각으로만 보면 안 될 것이고, 나의 생각과 그의 생각이 다르다고 해서 그 사람의 시각이 옳지 못하다고 하면 안 될 것이다.

좋다고 할 것도 없고, 나쁘다 할 것도 없다. 내가 누군가의 삶을 들어가보지 않았기 때문이다. 그럴 때 우리에게 필요한 건 서로에 대한 존중뿐이다. 우리가 살아가는 세상에 객관적인 기준 같은 것은 존재하지 않는다. 전통과 형식보다는 인간에 대한 존중이 먼저다.

29장

어른이 사라진 시대,
교육이 사라진 시대

우리 사회에서는 어른이 사라진 지 오래된 것 같다. 그럴 만도 하다. 내가 젊은이더라도 존경할 만한 어른을 사회에서 도저히 찾을 수 있을 것 같지가 않다.

우리나라가 옛날에 동방예의지국(東方禮儀之國)이라고 했는데, 요즘 젊은이들은 그 여섯 글자를 듣기만 해도 코웃음을 치는 걸 잘 알고 있다. 그렇지만 과거 세계에서도 우리나라의 오랜 대가족 제도와 문화를 부럽게 생각했고, 우리 국민이 3대가 같이 살면서 자연스레 윗사람들의 문화를 전승받고 인성 교육을 중시한 나라에 살았다는 사실은 변하지 않는다.

우리나라가 왜 이렇게 되었을까. 지금은 어른이 없고, 할머니와 할아버지가 없고, 교육이 사라진 세상이다. 사람과 사람 간의 예절이 다 사라져버린 세상이다.

사람을 대하는 예의는 집안에서 무언(無言)의 공기처럼 어른들이 전수해줄 수 있는 것이었고, 밥상머리에서 나누는 말 한마디 한마디로 다음 세대가 배울 수 있는 것이었다. 지금은 그럴 수 있는 토양이 아예 사라져버렸다.

요즘 학교에서는 잘못한 학생을 선생님이 꾸짖으면 학부모가 선생님에게 노골적으로 대든다는 말이 많다. 그렇다면 그렇게 대드는 학부모를 만든 사람이 누군가? 그 학부모의 부모 세대인 내가 그들을 못 가르친 것이다. 우리가 그들을 못 가르친 것이다. 그들이 교육을 제대로 못 받았으니까 내 새끼들 뭐라고 했다고 스승에게 대드는 세상이 됐다.

다 내 잘못이고, 우리 잘못이다. 내가 어릴 때는 선생님의 그림자도 안 밟는다고 했고, 나도 가정에서 그런 교육을 받으며 자라왔다. 그만큼 선생님을 우대했던 것이다.

앞에서도 나는 내가 속해 있는 베이비붐 세대 이야기를 했다. 나는 우리 세대의 사람들이 세간의 인식과는 다르게 그 어느 세대보다도 편하게 살고, 그 어느 세대보다도 낙관적인 세상에 살았으며, 그러다가 결국 자기 가족밖에 모르는 문화를 남겼다고 생각한다. 우리 세대는 먹고살기 힘들다는 핑계로 자기 자식들, 즉 지금 자라나는 아이들의 학부모 세대를 내팽개쳐두었다.

그래서 요즘의 학교 현실에 분개하는 내 동년배들을 향해 나는 이렇게 말한다. "그거 다 내 탓이고, 네 탓이다. 누구

탓을 할 게 없다." 우리는 훨씬 더 가난한 세상에서 자랐지만, 우리 부모님들은 동네에서 자기 자식이 누군가와 싸우면 내 아이부터 쥐어박았다. 누구 때문에 싸움이 시작됐는가 하는 건 나중 문제였다. 먼저 자기 아이를 꾸짖고 이웃들을 배려하라고 가르쳤다.

우리가 그렇게 자라왔듯, 우리 자식들도 그렇게 가르쳤어야 했다. 자식들을 앉혀놓고 시험공부만 시킬 게 아니라 이웃과 사회에 대한 예의를 가르쳤어야 했다. 그런데 그러지 못했다. 자식들과 함께 그런 이야기를 나누지 못했다. 다 우리의 잘못이다.

동물들도 자기 엄마 아빠를 보고 배우는 게 자연스럽듯, 자식들은 부모의 행동을 보면서 배울 수밖에 없다. 우리가 이웃들을 내 가족처럼 아끼고 살았다면 우리 자식들도 자랄 때부터 우리의 행동을 보고 배울 수가 있었을 것이다. 우리가 제대로 살지 못했던 것, 다른 이웃과 공동체를 위해 베풀지 못했던 것이 지금 아이들에게 나타나고 있는 것이다.

'우리'가 사라진 세상이다. 요즘 젊은 친구들은 '우리'라는 말을 쓰지 않고 '나'부터 앞세운다. 그렇지만 충분히 이해한다. 사회가 변해버려 살아남기 그토록 힘든 것을 어찌하겠는가.

있는 집 자식들은 부모 덕분에 엘리베이터를 타고 꼭대기까지 올라가는데, 나는 나를 올려 보내줄 크레인이 없다. 출발선이 틀릴 수밖에 없으니까 사회에 대한 실망과 분노만 쌓일 것이다. 집 한 채 마련하는 데 20년, 30년이 걸린다는 이 세상에서 '우리'라는 관념이 존재하면 그게 더 이상하다.

젊은 세대에겐 뒤를 보고 옆을 볼 수 있는 여유가 없을 것이다. 하루하루 아르바이트해서 먹고살기도 힘들어 앞을 바라볼 수 있는 희망도 없을 것이다. 내가 가야 할 길이 잘 보이지 않으니 급하기도 급할 것이다. 그러다 보니 대화도 없어지고 서로의 문화에 대해 존중해주고 돌아볼 수 있는 여유가 없다.

행여나 이 책을 읽을 정치인들에게 이 말은 꼭 해두고 싶다. 이제는 젊은 세대가 좀 기를 펴고 살 수 있도록 해줘야 한다. 지금 우리가 세계에서 가장 낮은 출산율로 말이 많은데, 출산은 둘째치고 젊은 사람들이 결혼할 수 있는 기본은 만들어줘야 한다. 우리나라는 국민소득 3만 불이 넘는 선진국이다. 나라에서는 도대체 무슨 책임을 지고 실효적인 대책을 세우고 있는가?

가장 낙관적이고 희망찬 분위기에서 나이가 든 우리는 젊을 때 다들 사회생활 10년 하면 아파트나 단독주택 한 채를 살 수 있었다. 그런데 내 새끼들은 저렇듯 어렵게 살고 있다. 옛날처럼 사회에 나와 10년 열심히 하면 집 한 채 마련할 수 있는 여건부터 만들어야 한다. 핑계는 좀 그만 대고.

그렇게 마구 퍼주면 젊은 사람들 나태해진다고? 해보지도 않고 그런 말을 하면 안 된다. 사람은 다 욕심이 있으므로 하지 말라고 해도 한다. 사람은 위를 보게 되어 있고, 위로 가고픈 욕구가 있다. 더 높은 사람이 되고자 하고, 더 중요한 사람이 되고 싶어 한다.

누군가에게 아무것도 없는 데서 뭘 하라고 하면 힘이 든다. 꼭 자기 부모가 아니더라도, 나의 등을 살짝이라도 기댈 수 있는 무엇인가를 제공해주는 게 필요하다. 자기 자식이 아니어도 등받이가 되어줄 수 있는 여러 장치를 마련해주어야 한다. 그게 사회와 국가의 역할이다.

다 자기만 내세우는 세상에서 우리는 다시 우리가 될 수 있을까? 어른이 사라진 이 시대에 우리는 무엇을 할 수 있을까?

앞서 말했듯 우리 사회와 정치권이 그들에게 더 신경을 써야 하는 것은 기본이다. 더불어 다가오는 세대에게 하고 싶은 말도 있다. 우리 집 문을 닫아버리면 남들은 다 신경 쓸 필요가 없다는 인식을 이제 그만 버렸으면 좋겠다. 지금이라도 내 가족을 폐쇄적으로 만드는 담을 낮추는 작업이 있었으면 좋겠다. 담 너머에 사는 이들도 다 나의 어른이고, 한 사람을 키우는 데는 사회 전체의 교육이 필요하다는 인식을 나누었으면 좋겠다.

그렇게 한 사람의 인성이 그를 둘러싼 공동체에서 자연스럽게 형성되는 것이 아니라, 좋은 학벌과 취직을 위해 경쟁하는 학교에 그 역할을 다 미뤄두고 획일적인 틀에 가두어 버렸으니 안타까운 일이다. 학교는 자기만의 승리를 위한 곳이 되어버렸다. 그렇지만 나만 잘되어서는 우리 모두 살아남을 수 없다는 것을 젊은이들이 명심했으면 좋겠다.

이 글을 읽는 젊은이들은 분명 "꼰대 같은 소리 하고 앉아 있네."라고 말할 거다. 나도 내 윗세대의 사람들에게 똑같이 그런 말을 했다. 그렇지만 젊은 사람들도 곧 늙을 것이다. 내가 그랬듯 지금의 젊은이들도 나이가 든 후 다음 세대를 보고 한숨을 쉴 게 틀림없다. 다 자신이 뿌린 그대로의 다음 세대를 바라보는 것이고, 그게 세상의 이치일 것이다.

30장

내가 바라는 나의 죽음

죽음은 다른 게 아니라 잠을 자는 것과 가장 비슷한 일일 거다. 잠에서 못 깨어나면 죽음인데 뭘 그리 안타깝게 매달리느냐고 주위 사람들에게 자주 얘기한다. 밤에 잠들듯 편안하게 잠들 수 있다면 좋을 텐데….

5년 전, 우리 형님이 그렇게 돌아가셨다. 건강했던 형님은 어느 날 갑작스레 몸이 아파 아침에 밥을 먹고 차를 몰고 병원에 갔다. 거기 도착해 폐렴이니까 입원하라는 말을 듣고 입원을 했다. 그는 산소호흡기를 달아야 하니 수면제를 놓겠다는 의료진의 말에 따라 수면제를 맞았고, 그 수면 상태에서 깨어나지 못했다. 그게 그의 죽음이었다.

그때는 주체할 수 없이 눈물이 쏟아졌다. 형님의 임종을 지킨 뒤 병원 복도에 나와 쓰러져 통곡했다. 아내가 그런 내 모습이 처음이라 깜짝 놀랐다고 말할 정도로 울음이 그치질 않았다. 형님은 내게 정말로 큰 존재였고, 평생을 함께한 어른이자 친구 같은 사람이었다.

죽음이 잠과 비슷하다고 해서 우리가 잠에 못 들지는 않는다. 밤에 잠들면 아침에 깬다고 생각하니 우리는 편안히 잠들 수 있다. 우린 보통 침대맡에서 배우자나 아이들과 이야기를 하다가 잠들기 마련이고, 다시 아침에 깨서 그들을 만날 수 있다는 걸 알고 있다.

우리는 죽지 않아서 그 소중한 사람들을 만날 수 있다. 죽으면 다시는 못 만날 거다. 그러니까 아직 살아 있을 때 그들과 더욱 즐겁고 행복한 시간을 보내는 수밖에 도리가 없다.

삶과 죽음은 떨어져 있는 것이 아니니까 살아 있을 때 자기 죽음을 생각해두라는 말들을 많이 한다. 무슨 뜻으로 하는 말인지는 알지만, 살아 있을 때 억지로 죽음을 생각할 필요는 없다. 죽음이 다가오면 그때 받아들이면 된다.

왜 억지로 걱정을 먼저 해야 하나? 죽음의 걱정은 생의 마감이 다가왔을 때 하면 되지 않나? 한 시간이라도 더 즐겁게 살아야 하지 않나?

내 인생은 멋진 인생이었다. 지금 생각해보면 더 그렇다. 젊었을 때는 힘들고 시한부 인생을 선고받기도 했었지만, 황혼으로 넘어가는 나이에 하고 싶은 일을 다 하면서 행복하게 살고 있다. 자식들에게 물려줄 건 없더라도 괜찮다. 자식들은 다 잘 커서 자기 몫을 해내며 잘 살고 있다.

어릴 때부터 죽음에 대한 두려움이랄까, 죽으면 안 된다는 생각을 했던 적은 없다. 그건 암으로 병실에 누워 있을 때도 마찬가지였고, 지금도 마찬가지다. 내가 살다가 나이가 들면 죽는 거지 뭐 다른 게 있을까. 살다가 언젠가 흙으로 돌아가는 것은 자연의 이치니까….

우리는 그저 삶과 죽음은 한 선에 맞닿아 있다는 것만 기억하면 될 것이다. 자연스럽게 늙고 병들고 죽는 순리를 받아들이기만 하면 된다.

예전에 TV에서 불치병을 앓던 어느 환자가 안락사를 선택했던 것을 본 적이 있다. 진통제를 맞은 후 자기 주위의 가족과 친구와 지인들과 파티를 하고 놀다가 자기 혼자서 방에 들어와 의자에 앉아 약을 먹고 편안하게 가는 장면이었다.

그런 죽음은 얼마나 좋을 것인가. 정말로 대단했다. 좋은 사람, 가족과 친구들을 다 만나서 차분하게 정리를 하고 간 것 아닌가.

나도 그 사람처럼 가고 싶다. 살려고 막 발버둥을 치는 것보다는 내 주위의 인연들을 다 불러서 인사하고, "잘 살아라, 내가 먼저 가 있을게. 내가 거기서 자리 잡고 있을게. 내가 고참이니까 너 나중에 오면 말 잘 들어라." 이런 농담을 하면서 가고 싶다. "잘 있어. 내 손녀로 와주어서 고마워." 이렇게 편안하게 죽음을 맞이하는 것이 나의 목표다.

나는 이미 자식들에게 아내와 내 연명치료를 못 하게 말해두었다. 우리가 병이 들어 누워 있을 때 뭘 꽂거나 그러면서 우릴 고통스럽고 힘들게 하지 말라고. 살 확률이 10퍼센트도 되지 않는다면 우리를 그냥 보내주라고.

그런 죽음을 받아들이기 힘들까? 아직 그 순간이 오지 못해서 장담할 수는 없겠지만, 나는 내가 즐겨 입는 점퍼 하나 입고 편안하게 가는 날을 기다린다. 아니, 나는 죽음을 기다리진 않는다. 죽음은 내 생의 마지막 순간에 자연스럽게 찾아오리라. 나는 그저 오늘도 웃으면서 즐겁게 산다.

나는 죽음을 돌보는 사람입니다

어느 장례지도사가 말해주는 죽음과 삶에 관한 모든 것

발행일 2021년 10월 7일 초판 1쇄
2021년 10월 20일 초판 2쇄

지은이 강봉희
편집 박성열, 정혜인
디자인 김진성
인쇄 민언프린텍
제본 정문바인텍

발행인 박성열
발행처 도서출판 사이드웨이
출판등록 2017년 4월 4일 제406-2017-000041호
주소 서울시 영등포구 당산로42길 16, 506동 901호
전화 031)935-4027 팩스 031)935-4028
이메일 sideway.books@gmail.com

ISBN 979-11-91998-00-9 03100